カフェをはじめる人の本

成美堂出版

はじめに

コーヒーを飲みながら、ひとり、
読書の時間を楽しむ人。
おいしいケーキや料理と一緒に、
友達とのおしゃべりを楽しむ人。
気分を奮い立たせるために、
エスプレッソをする人。
カフェを訪れる人の目的は、実にさまざま。

ただ、共通して言えることは、
カフェは私たちの生活に確かなうるおいと
ちょっぴりのスパイスを与えてくれる空間になっているということ。
こうして私たちの生活の中にすっかり定着したカフェ。
自分だけの自分らしいカフェをつくりたい！
と夢をもつ人も多くなっています。
本書は、そんな人たちの夢実現へのお手伝いができればと考えます。
カフェを開くことはそんなに簡単なことではありません。
でも、決して不可能なことでもありません。
夢を実現させた先輩たちのさまざまなケースと開業のノウハウが
みなさんの参考になることを願います。

開業するのが目的ではなく、
長く続けるために、がんばるのは当然です。
尊重と感謝の気持ちがあれば
きっと経営の助けになります。
すべては自分の行動です。
自分を信じて前のみを見ていきましょう！

「わかまつ農園　お菓子と暮らしの物[illegible]りた」若松潤哉さん

自由な環境を楽しみながら、
自分で考え、自発的に行動する。
続けていくと大変なときが多々ありますが、
まじめに楽しくやっていれば、
必ずお客さまは見てくれていて、
評価してくれるのです。

「TRICHROMATIC COFFEE」石原 剛さん

ひとりでいらしたお客さまが
次は誰かを連れていらっしゃる。
「おいしかった」「また来るね」
などの言葉はないのに、
お客さまの気持ちが伝わってきて
嬉しくなる瞬間です。

「KIJI CAFE」轟 裕介さん

カフェを開くのは
「定年後の夢」程度に考えていました。
でも、あるときから
「人生は一度きり。
自分のやりたいことを今やろう！」と奮起。
東京都の独立開業をサポートする
「チャレンジショップ」で
ずっと夢に描いていたカフェを
1年間やることができました。
1年間やってみたら、
「やっぱり自分のカフェをもちたい！」
という気持ちが断然強くなりました。
こんなに楽しい仕事はありません。
自分のカフェをはじめるため、今、奮闘中です。

「ヴェルベコメ」加地泰子さん

CHAPTER.1 私のカフェのはじめ方

COLUMN

CHAPTER.2 カフェをはじめるためのステップ18

COLUMN

CHAPTER.3 カフェ開業&続けるために必要なお金の話

CHAPTER.4 はじめる&続けるうちに起こる「困った！」Q&A

※本書に掲載されている情報は、2024年12月時点のものです。店舗情報やメニューの内容などに変更がある場合があります。

13店のカフェ店主のプロフィール

Chapter1に登場する13店（チャレンジショップを含む）の店主に、
共通した8つの質問を聞いてみました。

Q1 カフェをオープンしたときの年齢は？

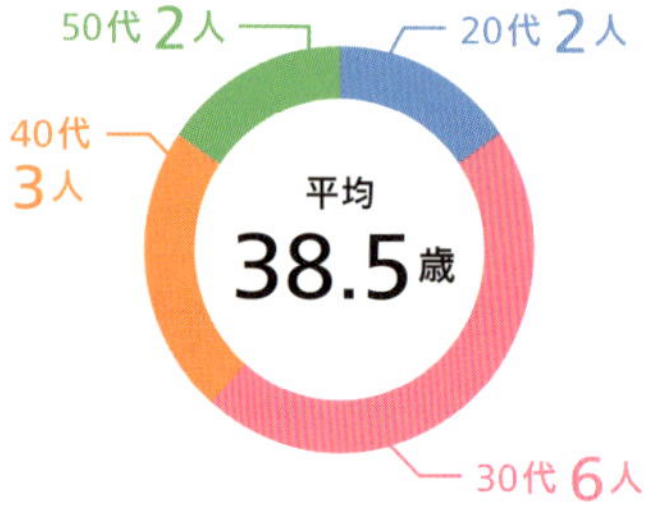

最年少は28歳、最年長は53歳。30代が最も多く、13人中6人という結果になりました。

Q2 血液型は？

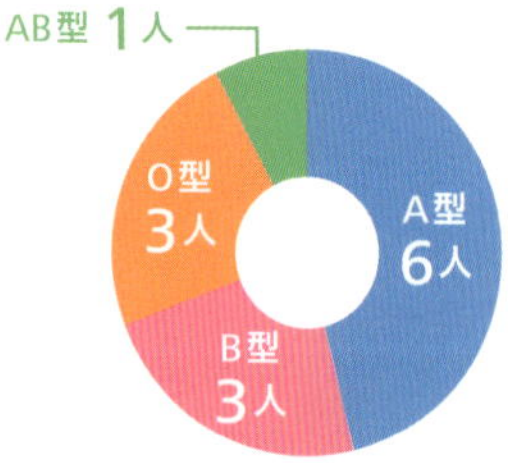

集計の結果、一番多かった血液型はA型の6人。A型は一般的に気配りが上手で、人の気持ちを敏感に感じ取る性格といわれています。オーナーの血液型分布を見てみると、日本人の血液型の割合（A型40%、B型20%、O型30%、AB型10%）とさほど差がないので、血液型とはあまり因果関係はないのかも？

Q3 経営は誰と？

経営はひとりでも、店長を弟に任せている、母親がパンとスイーツを担当している、忙しいランチタイムに妹がパートとして入る、など家族がスタッフとして働いているパターンもありました。最初は夫婦で経営していましたが、やりたい方向性が違ってきたため、夫が抜けてひとりで経営するようになったという人も（ちなみに離婚はしていません）。

Q4 カフェをはじめる前の職業は？

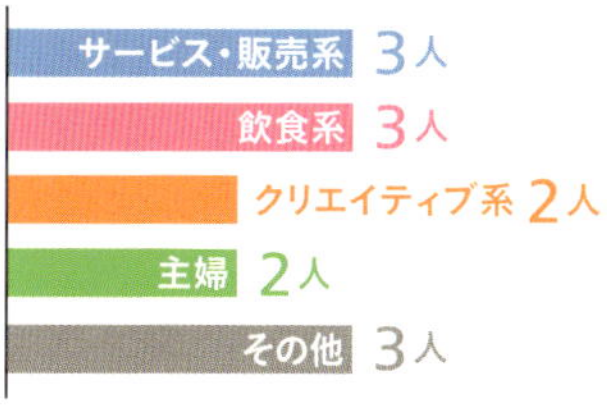

元々カフェやパン屋など飲食業に携わっていた人のほか、お客さんと接する機会の多いサービス・接客系の仕事についていた人も多いようです。「その他」の3人の中には幼稚園や学校の先生として働いていた人もいて、人とのコミュニケーションが好きな人が多いように感じます。

Q5 自分のカフェオープン前に、カフェで働いていた経験は？

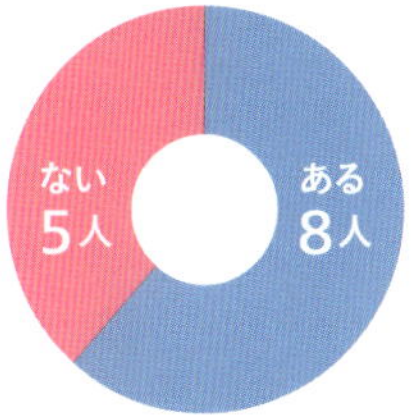

「ある」と答えた人が半数以上。あると答えた人の中には学生時代にアルバイトとして働いていた人や、カフェをやりたいという夢のために目的をもって携わった人と理由はさまざま。「ない」という人の中にはカフェを開くための学校などに通っていた人も一定数いて、オープン前に何らかの準備をしている人は多いようです。

Q6 カフェオープンまでに一番大変だったことは？

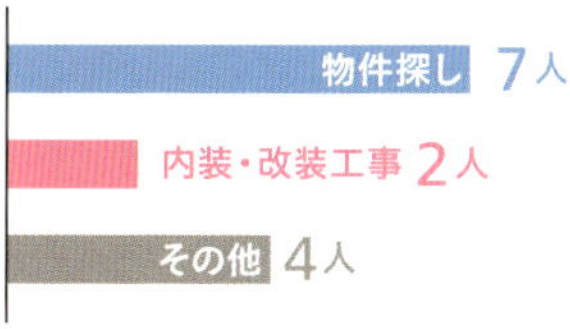

物件探しが半数以上の7人という結果を見ても、条件に合った物件に出合うのはなかなか難しいよう。今回のオーナーの中には空き店舗を専門に紹介してくれる市の支援システムを利用した人もいたので、自治体のインフォメーションなどを見てみるのもおすすめです。ちなみに「その他」にはメニューを考えること、資金調達、スタッフの募集などがありました。

Q7 現在のお休みは月に何日？

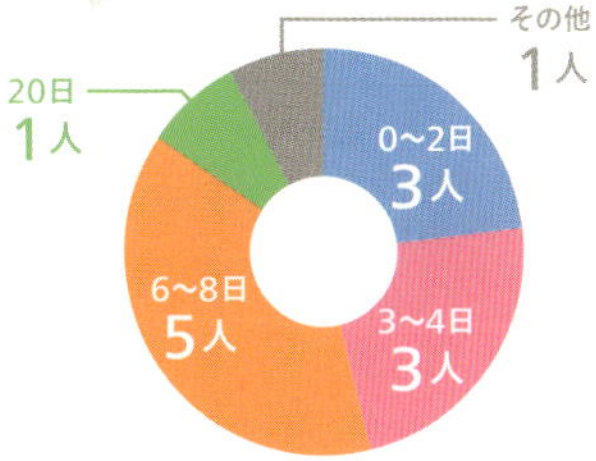

お休みの日は店の営業日数、形態や携わり方によってさまざま。お休みの日の過ごし方も普段できない事務作業をしたり、メニュー開発の日に充ててみたり、気になっていたカフェに行くなど、仕事の延長線上の過ごし方をする人もいれば、仕事から離れて家族とゆっくり過ごすという人もいて、本当に千差万別のようです。

Q8 カフェをオープンして良かった？

回答数からもわかるように、全員が「YES」と回答されているのですが、ひとりは「NO」にも1票。その理由とは………。それぞれのなるほどね〜と思う回答をぜひご覧ください。

VERT DE GRIS PUMP
古川さやかさん

お客さまがとても喜んでくれます。お花のレッスン後にカフェに寄って生徒さん同士が仲良くなってくれるのも嬉しい。

いろんなことが自分のアイデンティティの確立につながりました！

polka dot cafe
山田大輔さん

ぴえに。
小林奈々美さん

今まで出会ってきたカフェ好きの方はもちろんのこと、新たな出会いや発見ができる場所になり、お店を開いて良かったと思います。

JHONDEE COFFEE
佐藤光太郎さん

カフェの開業は念願でした。たくさんの方々との出会いが嬉しいです。

思い描いたことが形となってさらに成長していること。地域の方々の憩いの場所となり、お子さまからシニアの方まで「いらっしゃいませ」ではなく「こんにちは」と言える関係をもてているのは幸せです。

おむすびcafe 空と糸 長島真理子さん

わかまつ農園
お菓子と暮らしの物 りた
若松潤哉さん・由加利さん

知らない人に出会え、コミュニケーションがとれることです。

Paston 小黒奈央さん

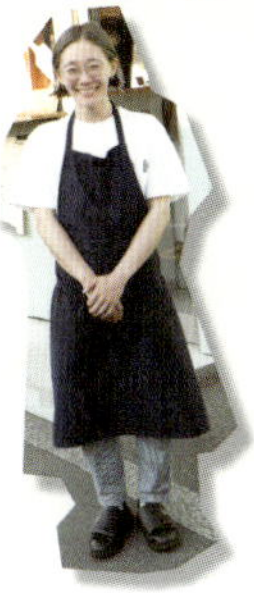

まったくつながりのない土地でしたが、いろいろな方々や犬たちの日常の一部になれてきている実感があり、やりがいを感じています。何よりこの店で過ごす時間が好きです。

自分が作ったもので喜んだり楽しんでもらえることに幸せを感じます。ただし、ひとりでの経営を孤独と感じることもあります……。

喫茶れとろ 足立摩里子さん

miso汁香房
天野恭子さん

カフェはお客さまと話す機会も多い場所なので、いろいろな方と出会え、そこから多くのつながりができてお客さま同士の輪も広がっていくことに大変喜びを感じています。

ヴェルベコメ 加地泰子さん

チャレンジショップの「創の実」は本当に良かったです。カフェをオープンする前に何が必要で、どんなことが求められているかを実感できたので、それが実際に活かせると思います。ただ、続ける大変さも同時に実感したので、気合いを入れ直す機会にもなりました。

TRICHROMATIC
COFFEE
石原 剛さん

自分のしたいことをしている満足感があります。

もちろんです！ たくさんのお客さまにバリスタの仕事ぶりを近くで見てもらえることが何よりの喜びです。

LATTE ART MANIA TOKYO
馬場健太さん

KIJI CAFE
轟 裕介さん・奈津代さん

毎日楽しく過ごせています。通勤時間が短いのも◎。

JHONDEE COFFEE

CHAPTER.1

私のカフェのはじめ方

新潟県内で
開業したカフェ

手作りお菓子を楽しめるカフェ

新潟県新潟市
ぴえに。

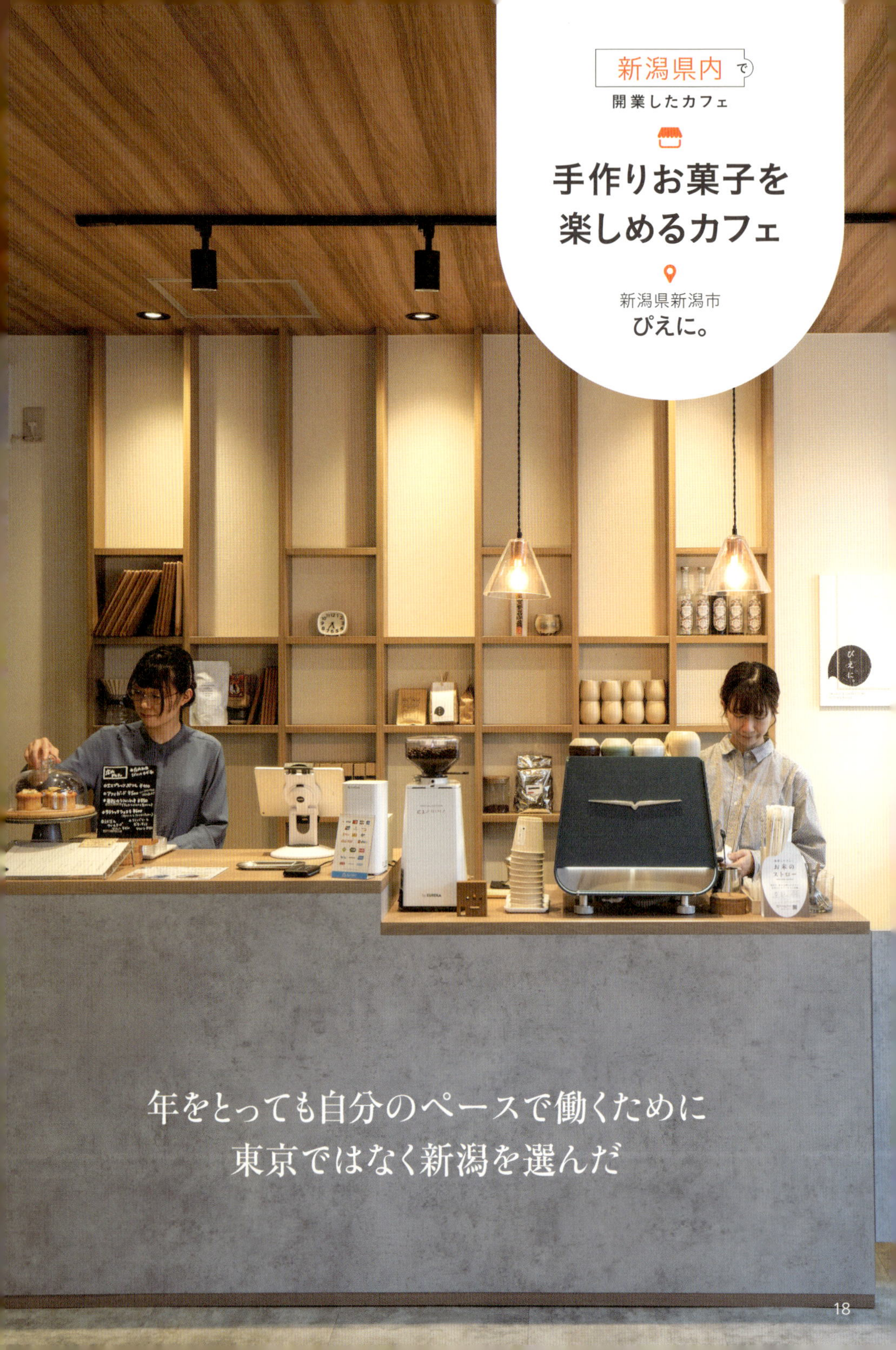

年をとっても自分のペースで働くために東京ではなく新潟を選んだ

店主・小林さんが考える

カフェをはじめるのに大切な 3つのこと

1

一番やりたいことを軸にした店舗計画を立てる

周囲の人から、流行りのスイーツを出したらどうかと言われましたが、それだと流行が終わったらおしまい。すべての意見を受け入れるのではなく、自分が一番何がしたいのかを考えることが大切です。

2

自分自身が居心地のいい空間をつくる

お客さまはもちろん自分自身が居心地のいい空間を目指しました。目にやさしいアースカラーで統一し、家具やエスプレッソマシンなどもこだわってチョイス。自分が好きな空間だとお店を大切にできると考えました。

3

自分のペースで運営できるよう将来設計を考える

5年後、10年後、さらにもっと年齢を重ねたときの自分を想像。働き方はきっと変わるので、その時々で自分のペースで働けるかどうかを考えました。老後にのんびり働ける場所であることが重要でした。

店主
小林奈々美さん

Data

ぴえに。

新潟県新潟市中央区西堀通3番町798
☎ なし
🕘 10：00〜17：00（L.O.16：30）
㊡ 月曜

お店が位置するのは新潟市の中心部だが、これまでは空き店舗が目立っていた。しかし、お店から徒歩5分程度の場所に、将来的に高層の複合施設が完成する予定。より多くのお客を呼び込めることになりそうだ。

開業日
2022年10月

開業までの期間
約6カ月

開業するまでの投資額　約1034万円

店舗物件契約保証金、礼金、不動産手数料など	なし（補助金充当）
店舗工事費	約530万円
什器、備品費など	約350万円
仕入れ費	約4万円
運転資金	約150万円

店舗規模
10坪

席数
11席

1日の平均客数
15〜26人

1日の売上目標
2.2万円

お店を持つという幼い頃からの夢を実現

両親が飲食業を営んでいた影響で、幼い頃から、将来は何かしらのお店を開くことを意識していた小林さん。小学校低学年で料理をはじめ、やがてお菓子作りにはまり、高校卒業後は東京の専門学校で製菓・カフェ経営を学びました。

「カフェを開こうと思った理由は、自分で作ったお菓子をお客さまが食べている姿を見たかったから。そのためにコーヒーが必要だったんです。ただ、私自身、コーヒーがあまり得意ではなく……」

カフェを開くなら、コーヒーのことも知らないといけない。そう思っていた頃、初めて飲んだエスプレッソのおいしさに感動。新潟にUターンしてからは、コーヒー豆の卸問屋で働き、そこで産地や種類、味わいの違いや香りの豊かさなどを知ることに。知識やスキルがないからと諦めるのではなく、なければ身につければいいというスタンスが小林さんの夢を

1.2 小林さんの穏やかな人柄を映したかのように、カフェラテは愛らしいラテアートで彩られている。**3** お店オリジナルのコーヒーが自宅でも飲めるようコーヒー豆を用意。写真は1杯分のパック。**4.5** 期間限定のドリンクも提供していて、雨の季節はあじさいをイメージした梅雨のクリームソーダ。炭酸で割ったぶどうのジュースにバニラアイス、自家製のきび砂糖クッキーが添えられている。**6** エスプレッソマシンはグリーンのパネルを客席側に配置しているため、裏側が見えず、オペレーションがすっきりとした印象に（p.18参照）。

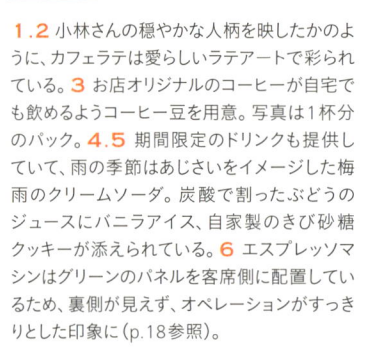

かなえる力というわけです。

さて、具体的な開業準備として真っ先に取りかかったのは、店名とロゴ・デザインを決めることでした。店名は、フィンランド語のp・i・e・n・i（小さな、ささやかなという意味）から「ぴえに。」と。ロゴに描かれた原稿用紙のマス目と吹きだしは、小林さんの趣味の読書と大好きなおしゃべりから。グラフィックデザイナーが丁寧にヒアリングしてくれたことで、オリジナリティのあるロゴが完成。内装は、店名やロゴの雰囲気を尊重して設計してもらいました。

「あれもやりたいこれもやりたいと収拾がつかなかったのですが、ロゴのおかげでカフェの方向性が見え、考えが整理されましたね」

ブランディングができているカフェは、視覚から入る情報が整理されているため居心地が良く、店主がイメージを大切にすることで愛着がわきます。開店からわずか2年で多くの人に愛される「ぴえに。」もまさにそんなカフェ。小さな店内には心地いい時間が流れていました。

帰省するといつも来てくれる人、
旅行ついでに立ち寄ってくれる人、
そして、近所の常連さん。
ひとりひとり、とても大切な存在

7 コーヒー好きにはたまらない風味の高いエスプレッソぷりんももちろんオリジナル。8 手前はクランベリーとビターチョコ、奥は枝豆とクリームチーズのマフィン。

OPENまでの道のり

2019年5月
お店を開くことを決意し、東京から新潟へUターン。以降、コーヒー豆の卸問屋でアルバイト。

2021年9月
お店のコンセプト固め、メニューの試作を始める。

2022年2月
店舗物件探し。

2022年5月
ロゴ制作、内装工事業者探し。

2022年7月
ロゴ完成。内装工事デザインの打ち合わせ。

2022年9月
SNSのアカウントを開設。最初の投稿はできたばかりのロゴマーク。順次、工事の様子や商品紹介などをこまめに情報発信。名刺・パッケージ用スタンプ完成。店舗工事開始。店舗前にサービス券付きのチラシをセット。

2022年10月
店舗完成。機材を搬入し菓子類を仕込む。

2022年10月20日
街に溶け込むようさりげなくオープン。

店主のこだわり

雪が少なく、カフェ文化もある県庁所在地に出店

年齢を重ねても自分のペースで働けることを重視し、駅から少し離れた落ち着きのある場所に出店。新潟市は比較的雪が少なく、冬場の集客も見込めますし、さらにカフェ文化もあります。地元ではありませんが、同じ県内ということで自分自身ほっとできる場をつくりました。

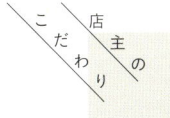

流行に左右されない ナチュラルでミニマルな空間

自然素材の温かみ、シンプルで余計な情報が視界に入らない北欧風インテリア。時代が変化しようとも変わらず、誰からも愛される内装です。フィンランド語の店名ともぴったり。

1段高い席。トイレ前の窓からマス目状の棚を通して自然光が。

入口の脇にはカウンター席。通りを眺めながらくつろげる。

小林さんお気に入りの本が並ぶ。コーヒー片手に読書もできる。

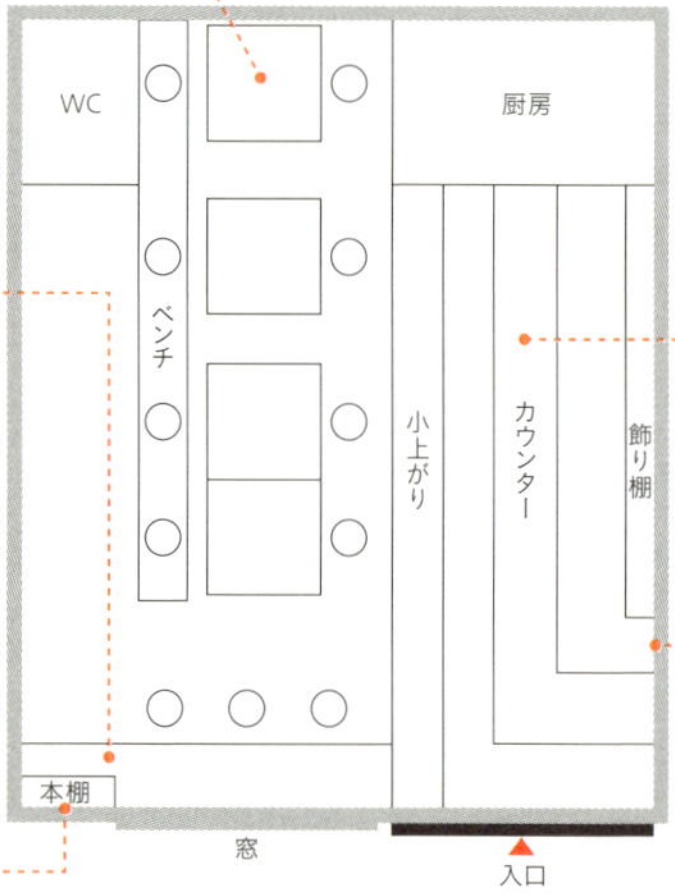

小さなドルチェ看板の裏にテイクアウト用のカップを置いて。

壁の棚はロゴと同様に原稿用紙のマス目をモチーフにデザインされている。

1日の流れ

7:45 起床。軽く朝食を済ませ、身支度をする。残りの時間で家事。

9:30 出勤～開店準備。エスプレッソマシンの立ち上げや仕込み作業。

10:00 オープン。SNSの投稿。

16:30 ラストオーダー。商品の残数確認と翌日の仕込み準備。

17:00 クローズ。翌日の仕込み開始。フロアの掃除と片付け。

21:00~19:00 仕込みが片付き次第退勤。夕食を済ませて、プライベート時間を楽しむ。

23:30 就寝。

カフェをはじめる＆
続けるための
Q＆A

雪の日の集客に困ることはありませんか？

お店のある新潟市は積雪量が比較的少ないんです。オープンした年には雪が大量に降りましたが、何日も続きませんでした。もちろん降ればお店の前の雪かきをしなければいけませんが、豪雪地帯に生まれ育ったので特に苦ではありません。また、意外にも雨の日より雪の日のほうがお客さまが多くて忙しいなんてことも。新潟県民は、雪でも出かけるのかと改めて驚かされました。

雪に慌てることなくこの日もお店を開け、お客を待った。

開業資金の調達で苦労はなかったのでしょうか？

飲食業をやっている親と銀行に行き、事業計画に親も賛同していることを伝えました。何年で完済するつもりかを資料に記載もしました。また、いろいろな人にカフェを開くことを語っていたら、ある人から新潟市の補助金「古町地区空き店舗活用事業」について聞かされ、申請したところ400万円の補助が受けられました。補助金や支援金は使わない手はないですね。

400万円の補助金は内装工事費などにも充当できた。

小さなお店なので、満席になることもあるのでは？

カフェを利用したい時間帯はだいたいみなさん一緒で、お昼少し前と14時頃から閉店までが混みます。11席と席数が少ないので、せっかくいらしてくださったのに満席でお断りしなければいけないことがあり、心苦しいときも。ただ、お客さまが気を利かせて退店してくれることもあり、助かっています。やさしいお客さまに恵まれて幸せです。

落ち着きのある奥の席。壁を照らす照明がスタイリッシュ。

SNS用の写真の撮影方法はどうやって学びましたか？

一眼レフやミラーレスカメラを持っているお客さまに声をかけ、撮影のコツを聞き出しています。そうしているうちに撮り方がわかってきました。午前中、自然光が店内に入る時間帯を狙って、コーヒーやお菓子を撮影するときれいに撮れるんです。SNSに1日1記事、ストーリーズには3枚を目安に投稿するようにしています。

花の影を活かして撮影。ＳＮＳでもお店の世界観を表現。

東京都内で
開業したカフェ

地元の人が集う地域密着型のカフェ

東京都中野区
TRICHROMATIC COFFEE

中野新橋の人たちのコミュニティの場、ランドマークを目指して

店主・石原さんが考える

カフェをはじめるのに大切な3つのこと

1

店の主《あるじ》になるということの「覚悟」を持つ

サービス業なので土日は営業。定休日でも仕込みや買い出しなどで実質休めないことも多く、時間的な自由は限られます。仕事にかかる負担は自分だけでなく、家族にも影響を与えることを覚悟する必要があります。

2

毎日同じことを続けられる「持続力」

いらっしゃるお客さまの顔は違えど、コーヒーを淹れて提供するということの繰り返しです。毎日のルーティン作業に飽きず、懲りずにたんたんと営業を続ける力が必要です。日々の繰り返しが求められる中に楽しみを見つけ、続けていくことが大切です。

3

毎日お店を開け続けるための「健康な体」と「体力」

カフェの営業は見た目よりもかなり重労働です。がんばってどんなにいいサービスをしても、体を壊してしまってお店を開けられなくなっては元も子もありません。毎日お店を開け続けるためには、フィジカルな部分が非常に重要です。

店主
石原 剛さん

Data

トリクロマティック コーヒー

TRICHROMATIC COFFEE

東京都中野区弥生町2-23-7-102
☎ 080-7968-0345
🕘 9:00〜17:00
㊡ 月曜、月に1〜2日不定休あり

店内のかわいい黄色の壁が印象的で、「トリクロ」の愛称で地元の人に愛されている、スペシャルティコーヒーのお店。ゆでたまごがこんもりのったたまごトーストやビッグなソーセージのホットドッグで朝食をとる人も多い。

開業日
2017年9月

開業までの期間
約1年6カ月

開業するまでの投資額　約800万円

店舗物件契約保証金、礼金、不動産手数料など	約100万円
店舗工事費	約410万円
什器、備品費など	約220万円
仕入れ費	約20万円
運転資金	約50万円

店舗規模
約6.5坪(テラス席除く)

席数
約12席(テラス席含む)

1日の平均客数
平日約50人、土日祝約120人

1日の売上目標
平日7万円、土日祝15万円

1

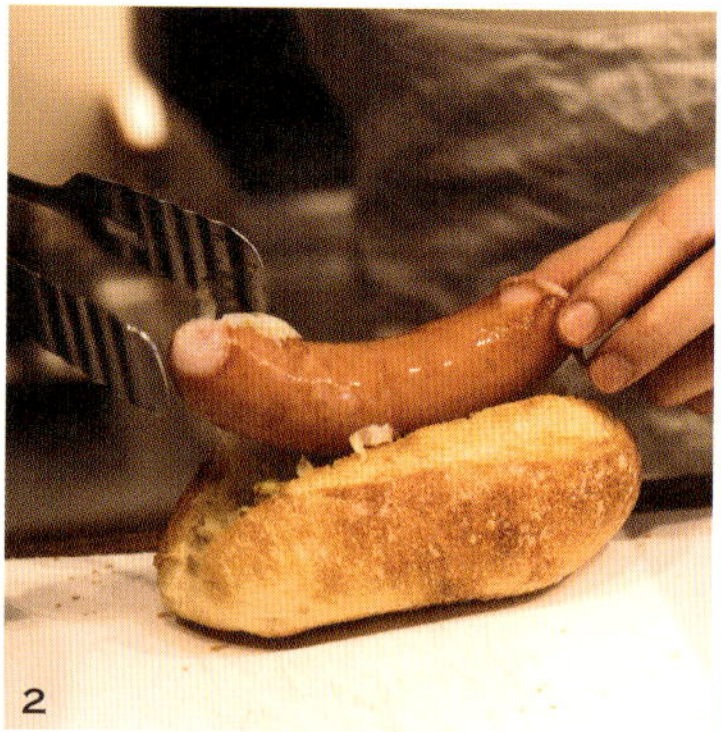
2

3

淹れたてコーヒーと
こんがり焼きあがった
トーストの朝ごはんで、
ご機嫌な1日がここからはじまる

5

6

5 ドリップコーヒーは常時3種類から選べる。店内ではコーヒー豆の販売もしている。6 店舗が狭小のためドリンクのテイクアウトには100円引きの割引を設けている。

店主のこだわり

この店から生まれた
コミュニティを大切にする

毎日の通勤や散歩の途中で寄ってくれる地元の人も多く、自然とお客さま同士も仲良くなり、トリクロを中心としたコミュニティができあがってきました。このつながりを大切にし、ここに来れば知り合いがいておしゃべりができる、というような憩いの場になればいいと考えています。

憧れの設計士に直談判し、理想の店を実現

店主の石原さん、元は商社マンです。経理財務部門に5年間勤務した後、30歳でお店をオープンしました。

「元々、独立したいという気持ちがあって、大学も経営を学ぶために商学部に入りました。ただ、当時はまだカフェという具体的な形態は見えていなく、漠然と飲食関連がいいかなという程度です。資金がある程度貯まって起業を真剣に考えはじめた頃、『ブルーボトルコーヒー』に代表される、サードウェーブコーヒーが注目されていました。そこで、たくさんのお店をまわって出会ったスペシャルティコーヒーのフルーティーな味わいに衝撃を受け、魅了されたのです。自分のコーヒーに対する常識が覆り、この概念を広めていきたいと思いました」

東京・調布にあるカフェ「手紙舎」を訪れたことも、カフェをやろうと思ったきっかけのひとつと言います。

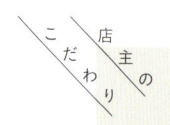

OPENまでの道のり

2016年1月
週末のコーヒースクールに通い始める。同時に物件探しもゆっくりはじめる。

2016年10月
セミナーで設計士・井田耕市さんと出会い、物件が決まり次第、設計をお願いしたい思いを伝える。

2017年5月
物件を契約。日本政策金融公庫に融資を申し込む。

2017年7月
内装デザインを決め、工事を開始。

2017年8月
工事終了。融資決定。エスプレッソマシンなど設備の手配、必要な資材を購入し、開店の準備が整う。

2017年9月
家族や友人を招いての試食会を経て、グランドオープン。

2022年11月
姉妹店「ミッドナイトブルー」オープン。

1 コーヒー豆は行きつけのロースターのものを使用し、1杯ずつハンドドリップで淹れる。3号店として自家焙煎もするコーヒーショップを新たに開業予定。2.3.4 パン好きの間で人気のある、東京・笹塚にあるオパンのパンを使用。毎朝、石原さんが通勤途中に買ってくる。パンのメニューを目当てに訪れるお客も多い。

7 あんバタートーストの餡は、地元の和菓子屋で作っているものを使用。8 たまごトーストはソーセージ付き。9 玉ねぎの自家製ピクルスも挟んでいるホットドッグ。

「独特の世界観に感動し、『こんな空間を自分でもつくりたい！』と強く思いました」

ちょうどその頃、手紙舎が主催するセミナーを見つけて参加。そこに講師として来ていた手紙舎のカフェを設計した設計士・井田耕市さんに直談判します。

「物件も何も決まっていない。カフェをやりたい！　という気持ちしか決まっていなかったのに、設計をお願いしたのです。今思うと随分大胆なことをしたと思いますが、それだけ熱い思いがあったのだと思います。熱い思いは強いですね」

石原さんの思いが通じ、店舗設計は井田さんが引き受けてくれることに。7坪弱という小さな店舗ながら、角地で大きな窓が2方向にあって彩光たっぷり。お店のイメージカラーの黄色の壁に陽があたり、温もりのある空間に。〝トリクロ〟の世界観が完全にできあがりました。

トリクロワールドに魅了された人たちが、今日も朝9時のオープンを待っています。

営業しながらマイナーチェンジをしていく日々進化系

黄色の壁の前はベンチだけでテーブルはなく、テラスも入口の並びの一面のみでした。お客さまの動向に合わせて、レイアウトやインテリアをマイナーチェンジしています。

トリクロのイメージカラーの黄色が印象的な壁一面。

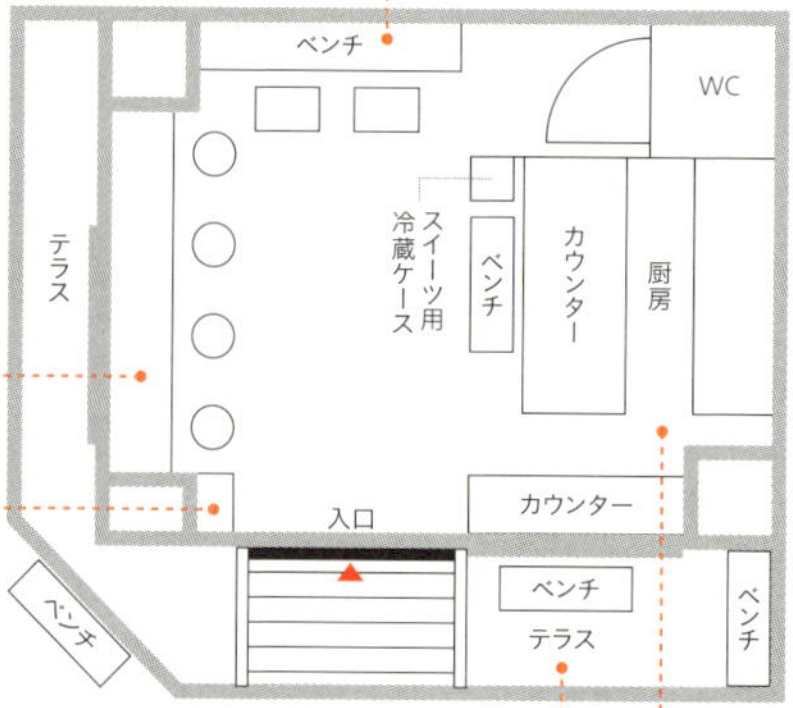

窓際には壁に固定した長いテーブルと固定のイスが4脚並ぶ。

犬も一緒に入ってOKのため、入口付近には犬用の水と器を用意。

テラスにあるベンチやスツールは、お客が自由に動かして座っている。

吊り戸棚やカウンターの側面も木材を使用し、温もりある空間に。

1日の流れ

- 6:30 起床。
- 7:00 家を出る。途中でパンの仕入れ。
- 8:00 お店に着く。掃除をして開店準備。
- 8:30 スタッフが出勤する。
- 9:00 オープンと同時に朝のピーク。
- 11:00 朝のピークが落ち着く。店はスタッフに任せ、事務作業などを行う。
- 12:00 昼のピーク。
- 14:00 昼のピークが落ち着く。平日はスタッフが退勤し、閉店まではワンオペ。
- 17:00 クローズ。片付けや2号店スタッフとのミーティング。
- 20:00 帰宅。
- 23:00 就寝。

カフェをはじめる＆
続けるための
Q＆A

今は行列ができるお店ですがそれはオープン当初から？

オープン当初は予想以上にお客さまが来てくれて安心しましたが（ただ、それは町のお祭りと重なったためだった）、時間が経つにつれて集客が安定せず、特にオープン3カ月後～半年後が一番苦しかったです。SNSでの発信頻度を増やしたり、イラストの展示やハンドメイドアクセサリーの販売などのイベントを企画したりして、お店の認知度を高めるように努めました。

狭い店内でもイベントを企画して、店が“活きている”ことを見せたかった。

物件探しが難航したそうですが……

100件くらいの物件を見たと思います。今の物件はテラス席を作れることが決め手になりました（詳細はp.126）。ただ、2日間張り付いて、店の前の人通りを観察すると、朝昼晩に関わらず、人通りが非常に少なかった。最寄り駅から徒歩1～2分なのにです。そこがネックではあったのですが、駅近なのに静かな環境、うちの店に来る人の流れをつくればいい、とプラスに考えることにしました。

コロナ禍のときに、テラス席を求めてやって来るお客が爆発的に増えた。

お店を続けてきて「これは困った！」ということは？

オープンして7年以上経つと、店の機器・設備類のメンテナンスや修理に想定以上のコストがかさんできて困惑しています。そういうことにはわりと準備を怠っていないほうではあると思うのですが、それでも物価高の影響もあり、頭が痛いです。これからお店をはじめる人は、毎月積立みたいなものをして、いざというときに備えておいたほうがいいと思います。

エスプレッソマシンは毎日のセルフメンテナンスが重要。

物価高で材料費などが高騰していますが……

コーヒー豆からミルク、パンなど材料すべてがどんどん値上がりしています。だからといって、店のメニューも値上げする……とは簡単にいきません。私はお客さまの顔をじっと見てしまうクセがあるのですが、前に一度値上げしたとき、お客さまの表情が一瞬曇ったのをはっきりと覚えています。それでその方が来なくなったわけではないので、納得はしてくれたのだと思います。ただ、一瞬の曇った表情には意味があったと感じています。物価が高騰しているので「大丈夫？」と心配してくださる常連さんもいたりして、本当にありがたい限りです。ゆくゆくは値上げせざるを得ないと思ってはいますが、そうそう安易にはしないと決めています。

妻の恵里香さんは
窮地のときの
頼もしい助っ人。
気持ちの中では
いつも二人三脚

TRICHROMATIC
COFFEE
Coffee
Beans
By 200g GeT
1 Free Coffee

東京都内で
開業したカフェ

お客の目の前で実演して見せるラテアート専門店

東京都港区
LATTE ART MANIA TOKYO

芸術性と技術力が高い
ラテアートを作るバリスタが
輝く場所をつくりたい

店主・馬場さんが考える

カフェをはじめるのに大切な3つのこと

1

オリジナル性の高いコンセプトを立てて、他店と差別化を図る

「バリスタの技術を目の前で見て、感じてもらいたい」という思いから、お店のプランを考えていきました。バリスタの技術に注目したカフェがないと思っていたからです。「うちのお店だからこその何か」をもっているのは、必ず大きな引きになります。

2

お店のコンセプトを広くアピールする

お店としては、ラテアートを作るところを見てもらいたい、お客さまが頼んだコーヒーの豆について説明したい、などの思いがあります。それをお客さまが受け入れてくれる、来店の目的になるよう、コンセプトをお客さまに知ってもらう必要があると考えます。

3

お店のオープンがゴールではない。ビジョンをいつも頭に描くこと

オープンしてからすぐは目先のことで精一杯ですが、未来像をしっかり見据えておくことが大切です。私の場合、バリスタの地位向上やコーヒー文化を根づかせることですが、スタッフも技術の有無よりもビジョンをもっているかどうかを重要視しています。

店主
馬場健太さん

Data

ラテ アート マニア トーキョー
LATTE ART MANIA TOKYO

東京都港区北青山2-9-13
☎ なし
🕘 8:00〜19:00
(木〜土曜は23:00まで)
㊡ 無休

数々のラテアート大会で日本一になったバリスタ・馬場健太さんが経営するラテアート専門のカフェ。お客の目の前でラテアートを実演してみせるのがウリ。海外からの観光客も多く、休日にはオープン前から行列ができる人気店。

開業日	
2022年12月	
開業までの期間	
約1年	
開業するまでの投資額	**約1700万円**
店舗物件契約保証金、礼金、不動産手数料など	約500万円
店舗工事費	約900万円
什器、備品費など	約200万円
運転資金	約100万円
店舗規模	
約8.9坪	
席数	
10席	
1日の平均客数	
非公開	
1日の売上目標	
非公開	

なめらかなミルクは職人の技。美しきラテの世界へようこそ

1 フリーポアといって、ピッチャーからミルクを直に注ぎながら模様を作る。ハートとバラの組み合わせのカフェラテ。2 黒×白のコントラストが美しいブラックラテはスワン柄。竹炭パウダー入り。3 リーフとバラの組み合わせの抹茶ラテ。4 濃厚なのにスッと溶ける抹茶テリーヌアフォガート。5 ホワイトチョコベースのチーズケーキ。6 柚子ピールをアクセントにしたタマゴサンド。

人気バリスタの店主があえて店に立たない理由

2022年、東京メトロ外苑前駅からほど近い場所に、カフェラテなどの表面にミルクで柄を描くラテアートを目の前で実演するラテアート専門のカフェを開業した馬場さん。彼は、ジャパン マッチャラテアート コンペティションやカフェ対抗ラテアート日本一決定戦など、数々のラテアート大会でチャンピオンになったバリスタです。

「ラテアートは文字どおり芸術性と技術力が高いものなのに、残念ながらお客さまからの認知度が高くありません。もっとバリスタが輝ける場所をつくりたい、そんな思いでこの店をつくりました」

開店すると、瞬く間にＳＮＳで評判に。休日には行列を作るのが恒例となる人気店です。

馬場さんはこのお店をはじめる前に、都内のカフェを間借りしてラテアート教室を主催していました。チャンピオンバリスタが直に教えてくれると評判が評判を呼び、予約がとれないほどに。同時にインスタグラムのフォロワー数もどんどん増加。いわゆるインスタグラマーと呼ばれるようになります。

そんな人気者の馬場さんですが、普段はお店に立つことはほとんどなく、様子を見に来る程度。お店の営業は、スタッフに完全に任せていると言います。

「このお店は私ありきではなく、あくまでもバリスタが輝ける場所をつくりたい、という思いではじめたもの。その目的がブレてしまわないようにと考えてのスタイルです」

当然、スタッフはバリスタとしての知識と技術を習得した人ばかり。経験がない人は、相当な訓練を経てから店に立ってもらうようにしています。

もっとバリスタの地位を上げたい、コーヒー文化を根づかせたい、という信念のある馬場さん。カフェをクローズした後、店内で初心者でも参加ＯＫのラテアート教室も開催しています。

「未経験者からカフェで働くバリスタまで、年齢問わず多くの方がいらっしゃいます。ラテアートの難しさや楽しさを体験することで、コーヒーや作り手に対する意識が変わるようです」

馬場さんの地元、福岡にも出店。海外進出も視野に入れているそうです。

OPENまでの道のり

2017年
カフェで働きはじめる。

2018年
ラテアート大会でチャンピオンに。以降、計4回日本一に。

2019年
カフェを間借りして、ラテアート教室をスタート。

2021年
店の経営を考えはじめ、物件探しをはじめる。

2022年3月
知人に現在の店舗物件を紹介される。

2022年6月
物件を契約。

2022年10月
内装工事開始。

2022年11月
内装工事終了。

2022年12月
1週間ほどのプレオープンを経て、グランドオープン。

店主のこだわり

ゆったりくつろぐよりもバリスタの仕事を見てもらいたい

バリスタの仕事をお客さまに見てもらうのが第一の目的のため、スタッフがいるカウンターと客席の位置は近く、スタッフの作業がよく見えるように高めのスツールをチョイスしました。ゆったりくつろぐのが目的のカフェとは、あえて違うスタイルにしています。

色味を徹底的に排除し、モダンな世界観のあるアートな空間

目指したのはコンテンポラリーアートのミュージアムのようなスタイル。内装、インテリア、スタッフの服装とすべてをモノトーンで統一し、モダンな世界観を打ち出しました。

3方を壁に囲まれた中にすっぽりと収まった、店内で唯一のひとり用ソファ席。

トイレの便器や手洗い場までもブラックで統一した徹底ぶり。

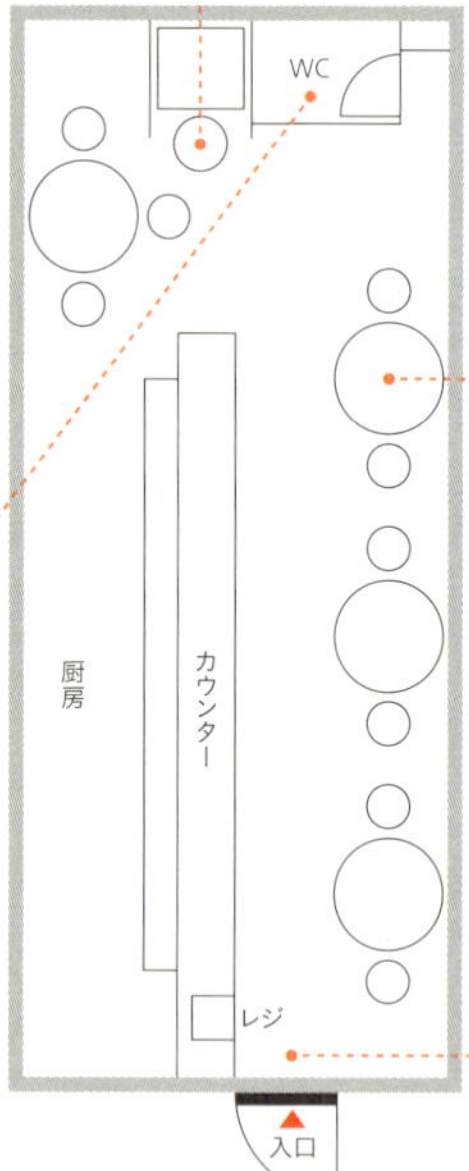

テーブルごとに置いた本は店長セレクト。お客は自由に読むことができる。

入口のマットがキュートなのにモノトーンなので、店の雰囲気にマッチしている。

1日の流れ

店長・馬場航希さんの場合

- 7:00 起床。自転車でお店へ向かう。
- 7:30 お店に着く。掃除、仕込み、開店準備をする。
- 8:00 オープン。空いている時間に店内のインテリアを調整したり、次に出店予定の店舗の事業計画を練ったりする。
- 13:00 昼食をとるため、お店を出て休憩に入る。
- 14:00 お店に戻る。
- 17:00 退勤。19時のクローズ作業はスタッフに任せる。
- 17:30 帰宅。
- 25:00 就寝。

カフェをはじめる＆続けるための Q&A

スタッフに弟さんがいるとか。気をつけていることは？

弟には開店準備の段階から入ってもらっています。インテリアに造詣が深いので、店内のインテリアに関しては彼に一任しました。お店の壁にモノクロのポスターをたくさん貼っていますが、これも彼のセレクト。お店の雰囲気に合っていると好評です。店長としてお店を任せていますが、それは一社会人としての彼を信頼しているから。仕事上で「弟」と意識したことはありませんね。

弟で店長の航希さんが選んだポスター。貼る位置も吟味していると言う。

ラテを頼むとついてくるテイスティングカードって？

お客さまが頼んだカフェラテの豆の種類や産地、味などを明記したカードです。カップに添えてお出ししています。抹茶ラテの場合は、抹茶の仕入れ先を明記しています。ほとんどの方が記念に持ち帰ります。

ラテアートのコーヒー豆はオリジナルのラテアートマニアブレンドや数種類のシングルオリジンを使っている。

ラテアートをきれいに描くためには？

重要なのがスチームミルク作りです。パッと見、泡がないように見えるくらいの状態が理想。口当たりもなめらかです。この最適な状態を常に作れるのがプロの技術です。たとえば、コンビニの自動マシンのラテもとてもおいしくなりましたが、泡はボコボコしてなめらかさはないように感じます。ミルク作りに関しては、やはり人の技術が必要なのだと思っています。

いいミルクで作ったラテアートは時間が経っても形が残っているのだそう。

カフェのインスタグラムのフォロワー数が16.2万人※!?

個人店のカフェでこの数は、自分でもなかなかすごいと思います（笑）。投稿は私が担当していて、基本的に週に1回くらいを目安にリールにアップします。バリスタがどんなことをしているかがお客さまに伝わるような動画にするよう心がけています。海外からのお客さまが全体の客数の半分くらいを占めるので、できるだけ英語、最近ではハングルでも翻訳して投稿するようにしています。

海外の人からのコメントやメッセージも多い。

※2024年12月現在

お店の個性を出すツール

1

MENU BOOK

お店のこだわりや個性が伝わる、
各ショップのメニューブックたち。
ぜひあなたならではのお店の参考に。

使いやすく低コスト

CLIPBOARD

今回取材した13店舗のうち、5店舗がクリップボードを採用。シンプルで手頃な値段、日替わりや週替わりメニューの入れ替えも簡単など、おしゃれさはもちろんコストや使い勝手の面でも利用しているカフェが多いよう。

KIJI CAFE

—— p.56

ボードと同系色のクラフト紙に料理名と説明、写真を載せてわかりやすく。食事と合わせて楽しんでほしいドリンクも表示。

Paston —— p.40

店内用にはレトロな雰囲気のシルバーの大きなクリップ式、テイクアウト用には木の板にクリップを2つとめて。

わかまつ農園

お菓子と暮らしの物りた —— p.100

コンパクトなA3の三つ折りサイズは、テーブルに置いてあっても邪魔にならない。すっきりと整えられたデザインの印刷物。

整然とした美しさ

PRINT

VERT DE GRIS PUMP

—— p.92

本日のスイーツはアンティーク調のゴールドカラーのクリップボードに。卓上タイプの小さなツールには写真で商品をアピール。

食後のデザートに

TABLE

好きをカタチに

LOGO

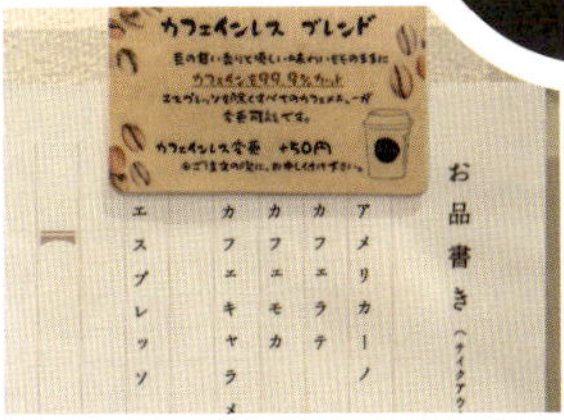

ぴえに。 —— p.18

店主の大好きなものから発想を得た、ロゴにも描かれた原稿用紙のマス目と吹きだしをメニューにも採用。注文カウンターにある小さなブラックボードにはコーヒーのお供にぴったりのドルチェメニューを。

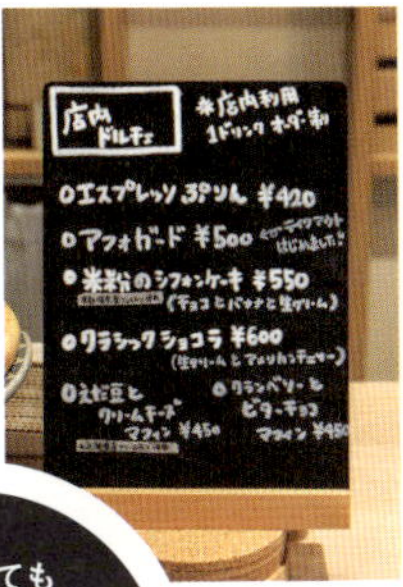

小さくても

アピール大

COUNTER

こだわりを

色に込めて

COLOR

LATTE ART MANIA TOKYO —— p.32

モノトーンの空間に合わせたメニューブック。表紙をめくると中まで黒でまとめられたビジュアルがインパクト大。

miso汁香房 —— p.70

落ち着いた布張りの表紙が印象的なファイル形式のメニューブック。大きく見やすい写真と味噌を楽しむフードメニューに心躍る。

じっくり

見たくなる

FILE

個性が光る

SKETCH

喫茶れとろ —— p.84

目に触れた瞬間、その世界観とこだわりに包まれる愛情たっぷりのイラストメニュー。見ているだけで楽しい気分になる。

おむすびcafe 空と糸 —— p.62

メインのおむすびや味噌汁はカウンター上の黒板に。ドリンクメニューは小さな黒板風ボードに。壁をフルに使ったスタイル。

空間を

上手に活用

WALL

東京都内で
開業したカフェ

ワンオペで実現する癒しのドッグカフェ

東京都調布市
Paston

晴れの日も雨の日も
人と犬が
安心してくつろげるカフェ

店主・小黒さんが考える

カフェをはじめるのに大切な3つのこと

1

初年度こそ年間スケジュールを立てておく

スケジュールを立てていなかったせいで、季節メニューの変更や仕入れの量、スタッフのシフト調整などが後手に。すべてが未体験で日々の業務に追われるので、目安程度でも年間スケジュールを立てておくことをおすすめします。

2

どんなときもブレない自分らしさをしっかりと核にもつ

お店をやっていくと、お客さまからさまざまな要望を受けることがあります。そんなとき、その場その場で対応がブレないように、自分自身の考えをあらかじめまとめておくと、しっかりと落ち着いて対応できます。

3

お店を滞りなく続けていくための体力とけがの予防

ひとりで運営しているので、体調不良やけがには特に気をつけています。体力や柔軟性を高めることを目的として、お店の休日にはパーソナルトレーニングでピラティスなどを取り入れたりしています。

店主
小黒奈央さん

Data

パストン
Paston

東京都調布市小島町2-37-22
☎ 042-445-0443
通常11:30〜17:00
夜営業15:00〜21:00
※季節や日によって営業時間の変動あり
㊡ 月・火曜

アイスグリーンの外壁が印象的なPaston《パストン》。店名はフランス語の「暇つぶし」の意味、le passe-temps《ルパスタン》から。犬の名前っぽくなるように表記は当て字にした。犬のイラストも犬種や性別があえて特定できないデザインにとデザイナーに発注したもの。

開業日
2022年3月

開業までの期間
約6カ月

開業するまでの投資額　約1470万円

店舗物件契約保証金、礼金、不動産手数料など	120万円
店舗工事費	1000万円
設備費	150万円
什器・備品費、運転資金など	200万円

店舗規模
8.5坪

席数
約10席

1日の平均客数
非公開

1日の売上目標
非公開

こだわりの料理と自慢のデザート
そして心地よい音楽が
この店をつくっている

1

1 リードフックは店内のすべての人と犬が快適に過ごすための必需品。**2**“犬のお客さま”にも大人気のワッフル。**3** 愛犬のためのおやつ、グラノーラクッキーも手作りで。**4** ヴィーガン対応で彩り豊かな大豆ミートのブッダボウル。**5** アイスのカフェオレとパストンのロゴマーク入りペーパーナプキン。**6** 自家製ラベンダーレモンスカッシュはフォトジェニックな一品。

4

6

5

3

2

こだわりをもちながら
柔軟に変化してゆく

京王線調布駅から徒歩7分ほど。街の喧騒から逃れた住宅街の一角にあるお店。

オーナーの小黒さんは元々新宿で小さなバー「シーホース」を経営していました。しかしコロナ禍で休業せざるを得ない状態に。そんな中、パン・菓子研究家である母親にお菓子作りを習うことになりました。

「習ってみると自分の価値観は母が作ってきたものに影響されているのだと自覚しました」

母親と一緒に仕事がしたい！と通販を経て、お店を考えるように。そんなときに飼いはじめた黒柴のキリマンジャロが大きな転機をもたらします。

「実はキリマンジャロの世話をしているうちに夜型生活から昼型に。以前の生活に戻りたくなくなってしまったんです」

それからの展開はあっという間。バーの経営は続けながらも現場は信頼のおけるスタッフに任

OPENまでの道のり

2018年2月
新宿ゴールデン街のバー数店でアルバイトの後、バー「シーホース」をオープン。

2020年3月
コロナ禍によりバーを休業・時短営業をする。

2020年12月
パン・菓子研究家の母親が製作した焼き菓子を通販するネットショップ「POST」をオープン。

2021年10月
物件を契約。

2021年11月
カフェスクールに入学。

2022年3月
「Paston」をオープン。

店主のこだわり

シロップなども手作りして料理やお酒に使用

お客さまには安心して食べ物を口にしてほしいと思っているので、メニューは手作りにこだわっています。色がきれいで好評なラベンダーレモンスカッシュのラベンダーコーディアルやレモン、ジンジャーシロップなども自家製で、料理やお酒にも使っています。

7 店内のあちらこちらにある実用を兼ねた"わんこグッズ"がお客の目を楽しませる。収納のカゴにも犬のステンシルが。8 布製のペーパーウエイト。9 店頭では「パストン」がお出迎え。10 毎年楽しみにしている人も多い犬のオーナメントのクリスマスツリー。11 英国ヴィンテージのティーポット。12 バセットハウンドのドアベルに心躍る。

せることに。以前から思い描いていた母親と巡ったヨーロッパのような、〝人も犬も自由に入れるカフェ〟をやりたい。新築平屋一戸建てという良い物件との出合いもあり、店舗の工事をスタートさせ、カフェスクールにも通いはじめました。

ランチタイムだけアルバイトを雇い、デザートとパンは全面的に母親に頼んでカフェをスタート。試行錯誤しながらもお客は段々と増えてきましたが、そんなときに2回目の転機が。

「バイトさんが離職することになったので、モバイルオーダーを取り入れました。今では完全にワンオペです」

変化はいろいろありました。夏の暑さで犬と出かけられないお客のために涼しい夜の営業「夜のパストン」を開始。常連客から相談されてはじめた犬の記念プレートは、カフェの人気オーダーメニューになりました。

お客のために何ができるのだろう？ そう考えた先に〝パストンらしさ〟が生まれています。

お客さまそれぞれにとっての「いつものカフェ」でありたい

ひとりで立ち寄るお年寄り、愛犬と過ごす人、友人とのランチを楽しむ人。コンパクトな店内ながら、カウンター席、テーブル席、ボックス席やテイクアウト用窓口と多様な形態でそれに応えています。

ボックス席はグループや大型犬ともゆっくりと食事を楽しめる。

とことん使いやすく。自分の身長に合わせてオーダーした作業台や棚。

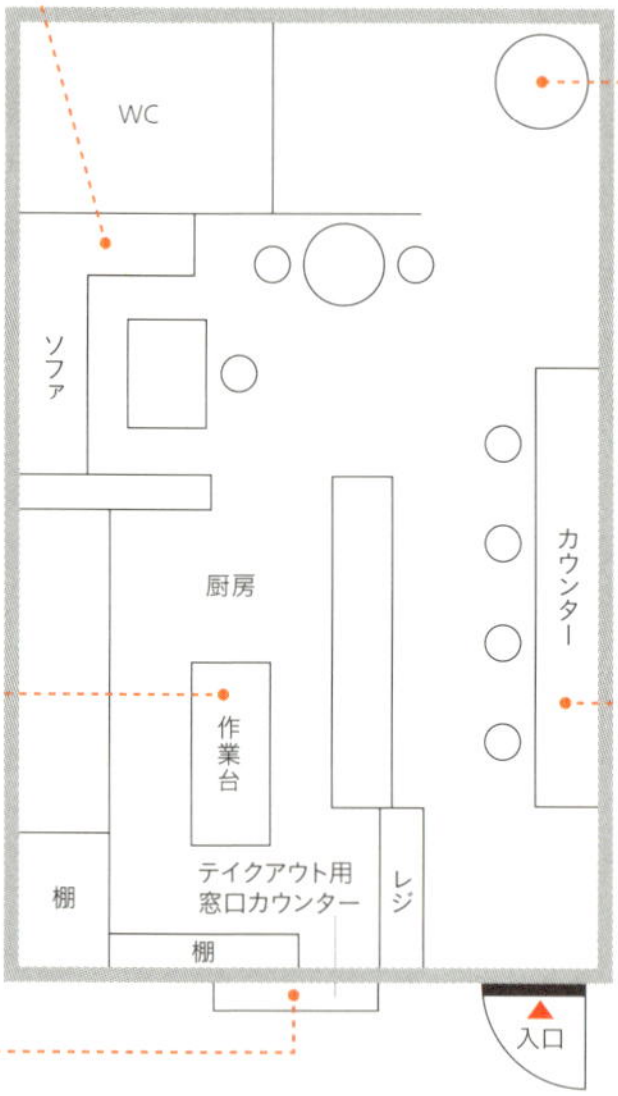

お店の奥のアンティークの家具を置いたコーナーは、独特なシックな雰囲気。

テイクアウトのお客には厨房から窓口でサッと対応もできる。

ひとりでも気兼ねなく、読書を楽しんだり愛犬とくつろいだりできるカウンター。

1日の流れ

- 5:00 起床、ストレッチ。
- 6:00 パストンメニュー決め、シーホース引き継ぎ・発注など。
- 7:00 犬の散歩。朝食、準備など。
- 10:00 買い出し。
- 11:30 オープン。
- 14:00 ランチ営業終了。ワンオペ営業しながら仕込み。
- 17:00 クローズ。
- 18:30 退勤。
- 19:00 帰宅。犬の散歩。
- 23:00 就寝。

カフェをはじめる＆
続けるための
Q＆A

「夜のパストン」という夜営業の新しい試みはどんなきっかけで？

土日は犬連れのお客さまが多いのですが、夏は暑すぎて通常の営業時間には連れて来られないので、日が暮れてからの時間に営業をずらしてみたのがきっかけです。結果的に昼とは違うメニュー展開ができ、おつまみタパスや各種お酒を取り揃えて提供しています。やってみたら私自身も新鮮に感じて楽しく、犬連れのお客さま以外からも好評をいただいたので、月1で継続することにしました。

夜営業告知のポスター。

完全ワンオペとなって変化があったことはありますか？

オーダーの方法を変え、QRコードをスマートフォンで読み取ってメニューの中からお客さまに注文の品をオーダーしていただく形式に。会計までできるものもあるのですが、最後はやはりお客さまの顔を見て言葉を交わしたいと思い、会計は自分でするものにしました。バイトさんの退職で導入したのですが、かなり効率的で平日は完全にワンオペでまわしています。小さなお店をやりたい人にはおすすめです。

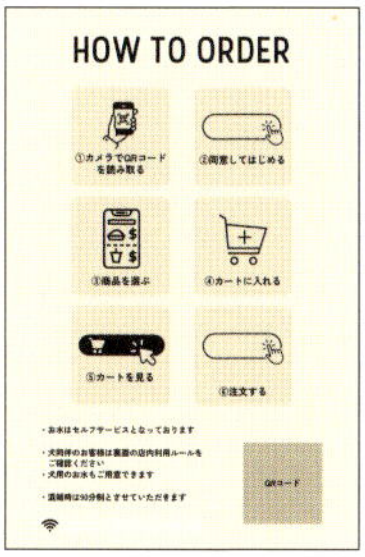

簡潔で見やすいQRコードのオーダープロセス。

物販はされていますか？

メニューのフードやドリンク、デザートのテイクアウトはもちろんですが、焼き菓子や犬用の自家製のグラノーララクッキーのほか、知り合いの作家さんのガラス製アクセサリー、お店のキャラクターである犬のパストンをデザインしたマグカップやオリジナルTシャツも販売しています。こちらは一年中着られるように半袖・長袖を作り、店のユニフォームにしています。

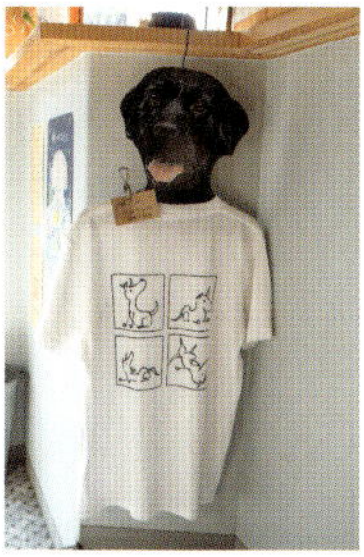
パストンが愛くるしい仕草を見せるTシャツ。

どのようにして理想のカフェの構想を練っていきましたか？

内装の西洋アンティークは両親の友人のコレクションをまとめて購入することが決まっていたので、これらを活かす店にしたいと考えました。そして、そのアンティークたちから似合うメニューを考えるというふうに発想を膨らませていきました。犬と一緒に入れる店というのは、ヨーロッパのカフェのイメージで、当初から決めていたコンセプトでした。

雰囲気のあるアンティークのインテリア。

何より自分自身が
このカフェで過ごす時間が好き

東京都内で
開業したカフェ

バスクチーズケーキが人気のカフェ

東京都新宿区
JHONDEE COFFEE

路地裏にたたずむ
地域の人のリビングルーム

店主・佐藤さんが考える

カフェをはじめるのに大切な3つのこと

1

カフェで働くことの楽しさを忘れない

10年ほどカフェで働き、カフェという空間で働くことの楽しさが開業のきっかけになりました。資金調達がうまくいかないなど、オープンまでにたくさんの困難にぶちあたりましたが、自分のカフェで働きたいという気持ちが原動力になり、開業まで漕ぎ着けました。

2

開業のサポートをしてくれる信頼できる人を見つける

お店のデザインをお願いしたデザイン事務所は、開業サポートも行ってくれるところでした。どんなお店にするべきか、まだ自分の考えがまとまっていなかったのですが、デザイナーと何回もミーティングを重ねることで、お店の輪郭ができあがっていきました。

3

飲食店での経験があるといろいろなことが想定できる

カフェをはじめるのに飲食店での経験は必要不可欠だと思います。だいたいのことが想定できて、準備がしやすくなります。プレオープンしたときも、ほぼ想定内の状況でそんなに慌てることはありませんでした。

店主
佐藤光太郎さん

Data

ジョンディ コーヒー

JHONDEE COFFEE

東京都新宿区西早稲田3-15-7
レジデンス原田苑1F
☎ 03-6709-6269
🕘 10:00〜19:00
㊡ 月曜

にぎやかな早稲田通りから少し入った、静かな路地に位置するコンパクトなカフェ。季節に合わせて登場する、店主手作りのバリエーション豊富なバスクチーズケーキが人気で、これを目当てに遠方から訪れる人も多い。

開業日
2024年1月

開業までの期間
約6カ月

開業するまでの投資額　約937万円

店舗物件契約保証金、礼金、不動産手数料など	約102万円
店舗工事費	約550万円
什器、備品費など	約215万円
仕入れ費	約20万円
運転資金	約50万円

店舗規模
約7坪

席数
約13席

1日の平均客数
平日約40人、土日祝約60人

1日の売上目標
平日5万円、土日祝7万円

文字に起こすことで考えが明確になっていった

高校は調理コースで学び、卒業後にはチェーン展開するカフェに就職。働いたカフェでの店舗は多く、6店舗で店舗責任者を経験した佐藤さん。カフェ勤務10年を節目に、自分のお店をもつことを決意します。

「お店に立って、お客さまが幸せそうな顔になるのを見るのが好きだったのです」

最初にしたのが店舗のデザインを手がけてくれる人を探すこと。

「お店をやりたい気持ちはいっぱいなのに、実際どんなふうにしたらいいのかが描ききれていませんでした。お店のデザインから決めていくことで、自分の理想像を明確にしていきたいと思いました」

店舗デザインの会社を紹介しているサイトで、デザイン事務所を検索。施工例を見て、気に入った5社にメールで問い合わせをし、返信が早く、メールの内容の感じが良かった会社と打ち合わせをすることに。最初はオンラインでの打

豊富な経験とお客の声を糧に
バスクチーズケーキを
人気商品に押し上げた

ち合わせで、その相手が佐藤さんのお店を手がけることになったデザイナーでした。その人は佐藤さんの思いを汲み取ろうと、実にさまざまな質問をしてきたのです。
「質問に答えようとすることで、自分の考えが整理されていくことに気づきました。この人にお願いしたい、と強く思いました」
打ち合わせを重ね、その中で出てきたワードをどんどんホワイトボードに書いていきます（詳細は116ページ）。お店をはじめたいと思った理由、規模感、メニュー構成などを文字に起こしていくことで、自分の目指すところが明確になっていきました。そして、デザイナーのアドバイスで佐藤さんが一度は見送った物件を再検討し、契約を結ぶことに。
「路地に入った人通りの少ない立地を理由に見送った物件でしたが、静かな環境でお客さまは逆に落ち着けるはずと言われ、考え直しました」
信頼できる伴走者を見つけたことで、佐藤さんの理想のカフェが具現化していきました。

店主のこだわり

人気の高いバスクチーズケーキは季節に合わせて変化させる

オープン当初、バスクチーズケーキはオーソドックスな1種類だけでしたが、季節感を大切にした商品を提供したいと考え、桜の風味の桜バスクチーズケーキを開発。それが大好評で、以来、季節に合わせたバスクチーズチーズを作り続け、今ではお店の顔になっています。

1 エスプレッソの基礎を学びたかったため、バリスタライセンスを取得。2.3 エスプレッソを抽出したカップに、スチームミルクをピッチャーから注ぎ、柄を描く。4 描くことが多いのはハートモチーフ。5 通年ある定番のバスクチーズケーキ。北海道産クリームチーズとたっぷりの生クリームで、クリーミーで濃厚な味に仕上げる。6 大きいサイズのチョコがたっぷり入った自家製のチョコチャンククッキー。7 高知県産の夏小夏を自家製シロップにしてトニックウォーターで割った夏小夏トニック。8 スコーンやバナナブレッドなど、コーヒーに合う焼き菓子も店主の手作り。

OPENまでの道のり

2014年4月
カフェで働きはじめる。以降、自身の店をオープンするまで、大手コーヒーチェーンから個人店まで多くのカフェで働く。

2022年6月
店の経営を考えはじめ、まずは内装工事を依頼するデザイナーを探す。同時に物件探しもスタート。

2022年7月
デザイナーが決まり、お店のコンセプトを決めるところから打ち合わせをはじめる。

2023年7月
現在の店舗物件を見つける。

2023年9月
物件を契約。

2023年11月
内装工事開始。

2023年12月
工事終了。クリスマスイブから年始にかけてプレオープン。

2024年1月
グランドオープン。

白を基調とした
やさしくて清潔感のある空間

コンパクトなお店のため、広く見せるためにも白を基調とし、窓枠やドア枠を黒にして引き締め効果を狙いました。テーブルとイスもお店のサイズに合わせて小ぶりなものを選びました。

客席が少なく、入れないお客が増えてきたため、増設した移動可能なテーブルとイス。

壁塗りは友人たちにも手伝ってもらった。粗さがまたいい味になっている。

お客が増えたことでテラス席も増設。合わせてオーニング（日よけ）テントも設置した。

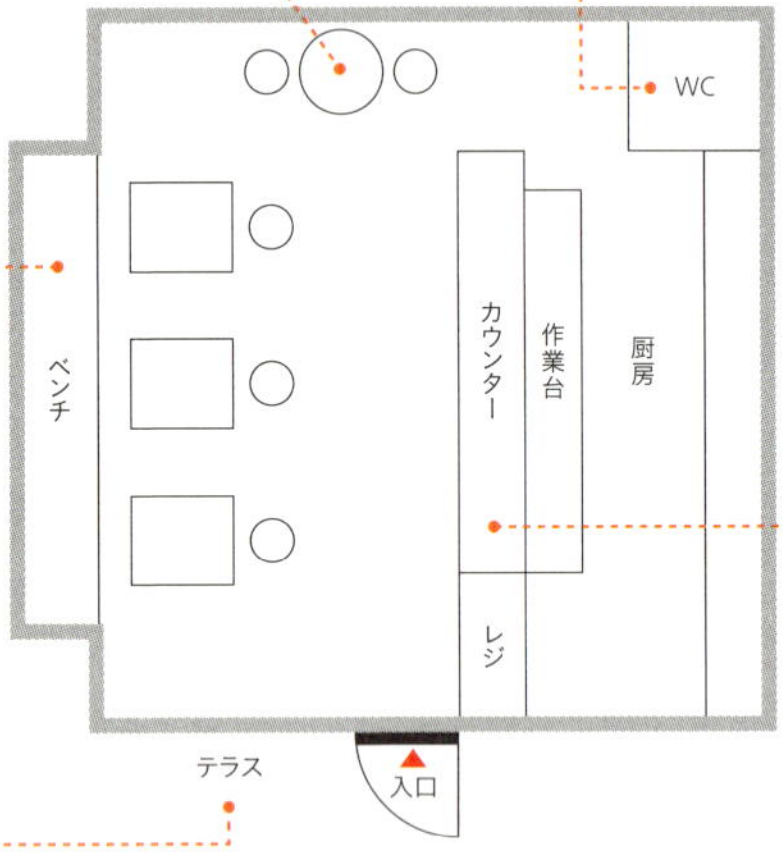

トイレへの通路はバリアフリーにするため、傾斜は少しきついが段差をなくした。

オープンしてから半年後、棚は佐藤さんが探して業者に取り付けてもらった。

1日の流れ

8:00 起床。

9:00 お店に着く。掃除、仕込み、開店準備をする。

10:00 オープン。空いている時間にチーズケーキの追加分を作ったりすることも。

19:00 クローズ。片付けや焼き菓子の仕込みを行う。

24:00〜21:00 帰宅。

26:00〜25:00 就寝。

カフェをはじめる&

続けるための

Q&A

季節に合わせたバスクチーズケーキはどうやって考える？

元々、バスクチーズケーキを作るのが得意でした。カフェに勤務していた時代、新メニューの提案として自分が作ったバスクチーズケーキをプレゼンしたら、オーナーにも評価され、メニューとして採用。今の定番のバスクチーズケーキは、そこから自分のお店用に改良を重ねたものです。季節に合わせたタイプは、お客さまからのお声掛けが作るきっかけにもなりました。初めて作ったのは生地に白あんと桜花と桜葉の塩漬の風味を練り込んだ桜バスクチーズケーキ。2月に販売したらとても好評で、結局5月まで販売することに。以降、旬の食材を使って新しいテイストのバスクチーズケーキの試作の連続です。作って食べてみないことにはわからないので、とにかく試作を重ねるのみです。

物件はどのようにして探しましたか？

飲食店店舗に強い不動産会社が店舗物件情報を配信している、飲食店ドットコムというサイトを毎日見て、タイミング、立地、家賃など自分の条件に合う物件を探しました。今の物件は小さな路地にあり、人通りの少ないことがネックと思い、一度見送ったのですが、デザイナーのアドバイスで考え直して契約しました。近所の方とのお付き合いも生まれ、結果オーライ、良い物件に巡り合いました。

元はラーメン屋だった店舗。ここから内装工事がはじまった。

インスタグラムの写真はどのようにして撮影していますか？

お店を閉めた後、店内のテーブルの上でスタイリングして、iPhoneで撮影することがほとんどです。お店の屋外用ライトを使用して光の調整をしています。最近は、季節に合わせたバスクチーズケーキを投稿することが多いですが、イメージに合わせたカラーの厚紙を2枚用意し、背景と下敷きに使用。小物も合わせて、季節感を演出しています。

小物は100円ショップなどで購入。小さい空間に世界観が生まれるよう意識している。

オープンの告知はどのようにしましたか？

お店のインスタグラムを開設し、そこで告知しただけです。小さいお店だし、ひとりでの営業なので、一気にたくさんのお客さまがいらっしゃってもまわしきれないと思っていましたから。クリリスマスから年始にかけて2週間ほどプレオープンを設けました。そこで気になったことはグランドオープンまでに修正するようにしました。

グランドオープンの日。近所の方も興味をもってくれて多くの人が来店。

たくさんの人を惹きつける店主が作る独創的なバスクチーズケーキ

千葉県内で
開業したカフェ

地元の食材を中心に使ったアジアンフードが主力

千葉県流山市
KIJI CAFE

地産地消で地域に根ざした
お店を目指し、
創業支援制度を利用して、
異業種から夫婦で開業

店主・轟さんが考える

カフェをはじめるのに大切な3つのこと

1

人との出会い、つながりが大きな力になる

ふたりはお店をはじめる前に、別々の創業セミナーを受講しました。そこに参加していた人たちは年代も職種も多種多様。その人たちとつながったことで、いろいろな視点で物事を見られるようになり、起業家仲間として大きな心の支えにもなりました。

2

「なぜカフェをはじめるのか？」というストーリーを大切にする

飲食店経験のない私たちがゼロからカフェをはじめるので、その理由を大切にすべきだと思いました。店主の人間性やバックグラウンドとお店のスタイルに一貫性があるほうが、お客さまにも納得してもらいやすいと思います。

3

毎日開店するための健康と体力は必要不可欠

カフェの営業がこんなにもハードワークだとは、はじめるまで知りませんでした。お店が軌道にのるまでは休日なしで、と考えがちですが、休みはしっかりとって休養に充てたほうがいいと思います。そのほうが効率良く働けて、お店も長続きするはずです。

店主
轟 裕介さん（右）
轟 奈津代さん（左）

Data

KIJI CAFE

千葉県流山市南流山4-5-1
コーポセキグチ101
☎ 04-7161-4068
🕒 11：00〜18：00
㊡ 日・月曜

轟さん夫婦がシンガポール駐在経験を活かして作る、アジアンフードと自家焙煎コーヒーが人気のカフェ。ふたりが創業セミナーを受講したことで、開業まで流山市からさまざまなバックアップをしてもらった。

開業日
2019年10月

開業までの期間
約10カ月

開業するまでの投資額	約1140万円
店舗物件契約保証金、礼金、不動産手数料など	約40万円
内装工事費	約500万円
什器、備品費など	約300万円
運転資金	約300万円

店舗規模
約10坪

席数
約16席

1日の平均客数
平日約30人、土祝約45人

1日の売上目標
5万円

シンガポール駐在経験を活かして開業へ

つくばエクスプレスの開通で、住宅地としての人気が一気に高まった千葉県流山市。市内の南方に位置する南流山駅から徒歩5分ほどの場所に、轟さん夫婦が営むお店があります。

「人気が高く、移住者も増加しているのは近くの流山おおたかの森駅周辺。この店の最寄り駅である南流山は、お店もあまりなくてとても静かなものですよ」とふたりで笑います。

ただ、この〝お店があまりなくて静かなところ〟というのがカフェをはじめるきっかけのひとつにもなりました。

轟さん夫婦は2017年までの5年間、裕介さんの仕事の関係でシンガポールに駐在。帰国後、住まいはふたりの地元である流山市に。たまに外食をしようと思っても自分たちの好きなものどころか、そもそも飲食店の少なさに愕然としたのです。

そんな中、裕介さんが体調を崩

1 キジのイラストは裕介さんがデザインしたもの。2 定番メニューのバインミーサンドイッチはスープ付き。3 自家焙煎のコーヒー。4 お米メニューは週替わりで。2種の国産鶏肉を使ったシンガポールチキンライス。5 ガパオライスはピーマンとバジルが流山産。

店主のこだわり

フードマイレージが少ない地元の食材を中心に仕入れる

食材はできるだけフードマイレージが少ない地元のものを中心に仕入れることで、地産地消で地域に根ざしたお店にしたいと考えています。近くで親戚や知り合いの農家さんが野菜やお米を作っているので、新鮮なものが手に入ります。

OPENまでの道のり

2018年5月
奈津代さんが「女性向け創業スクール」に通う。

2018年8月
裕介さんがインテリア設計の会社を退職。

2018年9月
裕介さんが「創業塾」に通う。

2018年12月
「やりたいことはカフェの経営」と気持ちが固まる。

2019年5月
物件を契約。自分たちでお店のデザインを考える。裕介さんが「UCCコーヒーアカデミー」を受講する。

2019年7月
内装工事開始。

2019年9月
工事終了。

2019年10月
1週間ほどのプレオープンを経て、グランドオープン。

して勤めていた会社を退職。療養後、何かをはじめなければという漠然とした気持ちで、夫婦で別々の創業セミナーを受講します。

「セミナーで学んでいくうちに、自分たちが行きたいお店がないならそれを作ろう！　と目標がやっと見えました」（裕介さん）

裕介さんの前職はインテリアデザイナー。内装工事に関しては家具や建具、照明の選定、内装の図面作成などは自分たちで行い、実際の工事と施工管理を業者に依頼。

「メニューに関しては、シンガポールにいたときに料理教室に通ったり、シンガポールの友人に現地の料理の作り方を教えてもらったりしたので、その経験を生かして自分たちが食べたいアジアンフードの味を再現しました。シンガポールは多民族国家のため、タイやベトナムなどさまざまなアジアの国の料理が入ってきているので、アジアンフードをひと通り学ぶ機会がありました」（奈津代さん）

２０１９年にオープン。流山では珍しいアジアンフードが食べられると、地元の人が集っています。

自分たちが食べたいものをメニューにしたら、こんなのが食べたかったとお客が来店する

10

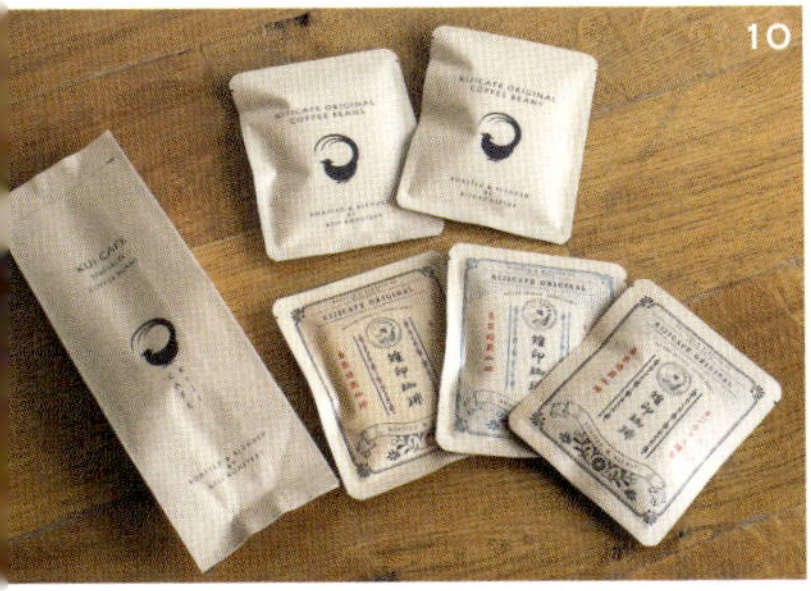

8

6

9

7

6 人気のスイーツ、自家製プリン 生クリームのせ。7 ふわふわのミルクフォームがのったアイスカフェオレ。8 周年記念で作ったキジ柄の手ぬぐい。9 店内では近くの農家さんが作る古代米の販売をしている。10 自家焙煎したコーヒー豆の販売も。

スタイルにとらわれない
自分の好きを集めた空間

“～スタイル”というような枠にはまったインテリアは避け、素材の色を活かした居心地のよい場所になるように心がけました。選ぶ基準は自分が好きかどうかです（裕介さん）。

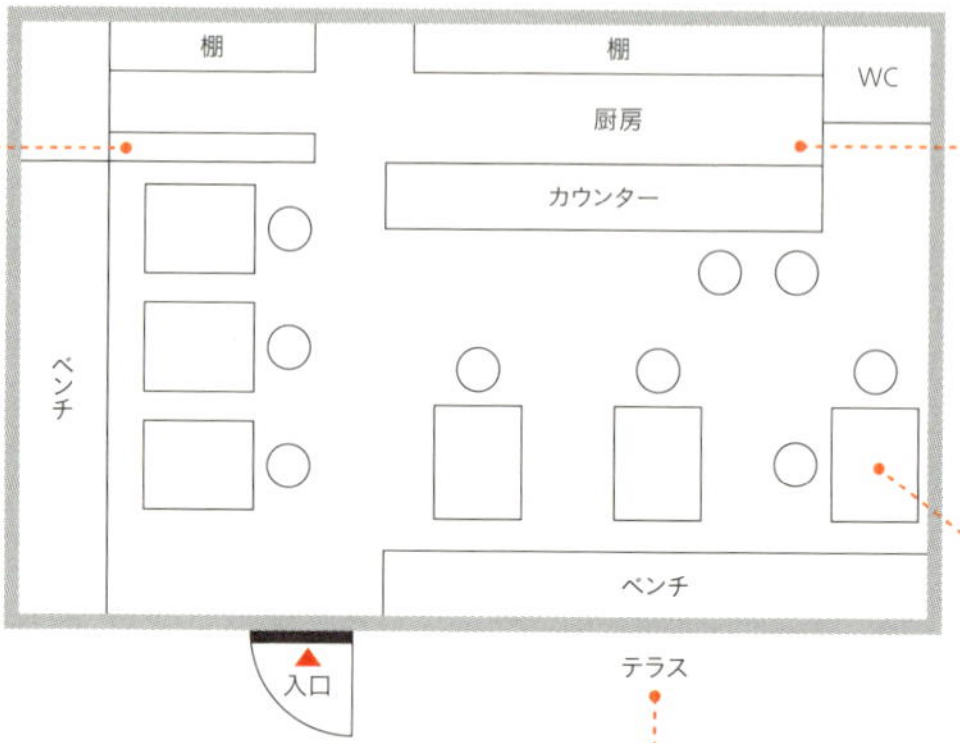

コーヒー豆の焙煎は裕介さんが担当。近くに焙煎所を持っている。

ホールと厨房の間にある壁には“抜け”をつくって、圧迫感をなくした。

ガラスを挟んだ木製の格子窓が印象的。天気のいい日はテラス席が人気。

店内にあるアンティークのイスと照明はすべて違うデザイン。

1日の流れ

7:00 起床後、朝食をとる。

9:00 お店に着く。掃除、仕込み、開店準備をする。

11:00 オープン。ランチタイムにあたる時間は、アルバイトがひとり入る。ランチメニューはなくなり次第終了。

14:00 アルバイトが退店。空いている時間に翌日の仕込みを行う。

18:00 クローズ。掃除と片付け。

19:00 お店を出る。買い出しや焙煎に行くことも。

19:10 帰宅し、子どもと一緒に夕食。ＳＮＳに投稿。事務作業をすることも。

24:00 就寝。

カフェをはじめる＆続けるための Q＆A

お店の宣伝はどのようにしていますか？

基本はインスタグラムで週に1回、今週のランチの写真を投稿するぐらいです。週末に店頭でパンや野菜の販売をしたり、周年記念のメニューやグッズを作ったり、クリスマスマーケットを開催したりして、できるだけお店に来てもらうきっかけをつくるようにしています。イベントに出店することもありますが、新しいお客さまとの出会いの場だと思っています（奈津代さん）。

クリスマスマーケット開催の告知のインスタグラム。お店が雑貨屋に変身。

イスや照明器具などは全部違うタイプですね？

同じもので揃えてしまうと、おもしろみに欠けて味気なくなってしまうので、あえて違うものを選び、店主の個性を出すようにしました。結構ギリギリまで悩んで、照明器具はオープンの3日くらい前にやっと取り付けたという感じです（裕介さん）。夫がインテリアデザイナーをしていたので、家具や照明器具などのチョイスはすべて彼に任せました（奈津代さん）。

店内には10個ほどのライトが吊り下がっているが、全部デザインが違う。

裕介さんが受講した創業セミナーとは？

流山市の商工会議所が主催する「創業塾」という創業支援制度です。参加資格は「1年以内に開業予定のある人」。何かしなきゃという思いはあったのですが、それが何なのかまったく決まっていないのに参加しました。我ながらなかなかのチャレンジャーですよね（苦笑）。10月から12月までの3カ月間で、1回のセミナーは10時にはじまり16時半まで。費用は当時で約1万円でした。講義形式で専門家の方の話を聞いたり、グループに分かれてプレゼンしたりする機会もありました。参加人数は20人ほどでしたが、開業予定の職種は農業、行政書士、美容関係、介護など実に多種多様。自分が本当に何をやりたいのかを深く考える時間が得られたことは、とても大きかったです（裕介さん）。

奈津代さんが受講した創業セミナーとは？

流山市役所の商工振興課が主催する「女性向け創業スクール」です。私が参加した年は30人ほどの参加者がいて、基礎編と応用編がありました。私が受講したのは基礎編のみで、1カ月間に午前中4回の講義。費用は2000円でした。起業に対する心構えの講義や自分のやりたいことを考えるワークショップなどがありました。夫が受講した創業塾のように、こちらも見据える職種は多様でした。ここで出会った人たちとは今でも交流があります。起業した仲間もいて、一緒にイベントをしたり、困りごとを相談したりしています。同志ができてとても心強い。受講したことで、流山市からさまざまなバックアップもしていただきました（奈津代さん）。

埼玉県内で
開業したカフェ

人と食とまちを結ぶ おむすびカフェ

埼玉県春日部市
おむすびcafe
空と糸

春日部でとれた お米や野菜で 食べることの楽しさを 知ってもらいたい

店主・長島さんが考える

カフェをはじめるのに大切な3つのこと

1

やりたいことを貫く信念をもつ

「おむすびを通して食育できる場をつくること」が私の目的でした。おむすびだけ？ ランチタイムだけの営業？ 人通りが少ないところに出店？ など、外野のさまざまな声がありましたが、そんな意見にブレることのない信念をもちました。

2

人との出会い・つながりがチャンスを運んでくる

お店を開くことの背中を押してくれた人、見つからなくて困っていた物件を紹介してくれた人、ビジネスプランに関するコンテストの存在を教えてくれた人など、たくさんの人との出会いがあったおかげで、ピンチがチャンスになって開業まで辿り着けました。

3

店舗工事の進行計画書を念入りにチェックする

店舗工事が思うように進まなく、予定より完成が遅れてしまいました。施工会社の選択を誤ったと後悔しています。今思うと、進行計画書がずさんでした。工事終了後に不満な点が出てくる場合もあるので、その際の対応なども事前に決めておくべきです。

店主
長島真理子さん

Data

おむすびcafe

空と糸

埼玉県春日部市粕壁東1-23-8
☎ 048-628-0919
🕐 11:30〜14:00
㉁ 木・日曜、不定休あり

食育インストラクターの資格を持つ長島さんがひとりで切り盛りする、おむすび専門のカフェ。「人と食とまちを結ぶおむすびカフェ」として、毎日、日替わりで一汁三菜のおむすびプレートのランチを提供している。

開業日
2019年12月

開業までの期間
約6カ月

開業するまでの投資額	**約412万円**
店舗物件契約保証金、礼金、不動産手数料など	約36万円
店舗工事費	約346万円
什器、備品費など	約17万円
広告宣伝費ほか	約13万円

店舗規模
約10坪

席数
約16席

1日の平均客数
約15人

1日の売上目標
1万円

人や本が縁を結んでできたおむすびカフェ

幼稚園や幼児教室で食育インストラクターとして働く中で、食べることの大切さを発信できる場所が欲しいと考えるようになった長島さん。ちょうどその頃、佐藤初女さんの著書に出会います。

「初女さんは、心を病み、つらく苦しいことがある人たちに寄り添い、おむすびをふるまって、魂を救い出す。そんな活動を生涯続けられた方。本の中の『おむすびを握るということは、それを通して握る人の心を伝えることです』という一節にとても感銘を受けました」

以来、長島さんの頭の中からおむすびという言葉が離れません。地元、春日部でお米を作っている知り合いの農家さんもいます。春日部でおむすびのお店を出したいという思いが募っていきました。

「食育に関する情報発信の場にしたいので、お店の形態はカフェがいいかなと考えました。それで、駅周辺のことをよく知る、知り合いの老舗の奥さんに相談してみたのです。『そういうお店がないから、すごくいいと思う』と、背中を押してもらい、気持ちが固まりました」

すぐに物件探しをはじめますが、待っていたのは衝撃的な現実。長島さんが希望する地域には飲食店OKの物件が1件もなかったのです。途方に暮れていたとき、助け舟を出してくれたのが粕壁商店街NEXT PROJECT（詳細は67ページ）のメンバーのひとり、不動産業に携わっている知人でした。飲食店不可の物件を可能にしてくれるよう、大家さんに交渉してくれたのです。

物件が決まり、店舗工事がスタートしたのはいいものの、工事がまったく進まなくて歯がゆい思いもしましたが、なんとかお店の形になりました。

おむすびを専門にするということを決めてから、営業はランチタイムのみと決めていました。

「おむすびといったら、お昼のお弁当のイメージ。それに、もう若くないので（笑）、ひとりで営業するのは体力的にもお昼の時間帯だけというのがちょうどいいと思いました」

OPENまでの道のり

2019年まで
幼稚園教諭や子どもの料理教室など食育に関する仕事に携わる。

2019年6月
物件を探しはじめる。「粕壁商店街NEXT PROJECT」に参加する。

2019年8月
お店の経営を考えはじめる。この年、ビジネスプランコンテストなど3つのコンテストに応募、入賞し賞金を獲得。

2019年9月
物件を契約。自分でお店のデザインを考える。野菜などの仕入れ先を探しはじめる。

2019年10月
店舗工事開始。壁塗りのワークショップを開催。

2019年12月
工事終了。
1週間ほどのプレオープンを経て、グランドオープン。

店主のこだわり

地産地消にこだわり、その日に手に入る食材を使ったおうちごはん

その土地のものを食べると体が整います。たとえば大根が大量に手に入ったら、調理法を変えて毎日出すこともあります。大根だけのレパートリーがたくさんあることを知ってほしいからです。自宅でも再現してもらえるよう、レシピはお客さまにも公開しています。

特別ではない、毎日食べる普通のごはんの「おむすび」をあえてメインに

1 炊きたてのご飯はおひつに移し、最適な状態で保存しておく。2 おむすびはまず型を使って形成する。3 梅の自家製シロップの炭酸割り。4 自家製味噌に生クリームを加えた濃厚な味わいのみそプリン。5.6 日替わりのおむすびプレートはおむすび2種と自家製味噌を使った味噌汁、3種のおかず付き。

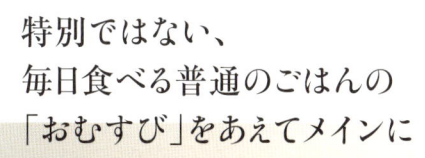

小上がりの畳スペースやベビーベッドなど、子どもファーストに

この規模のお店にしてはかなり珍しい、トイレに備え付けているベビーベッドや、小上がりの畳スペースがあるので、小さな子ども連れでも安心です。

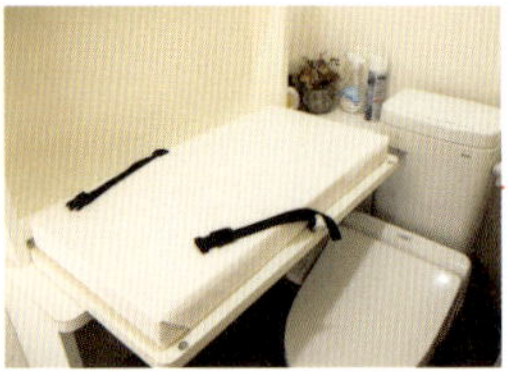

トイレには赤ちゃんのオムツ替え用の大きなベビーベッドが備え付け。

トイレの前にある手洗い台は、一番下の部分が引き出せて、子どもが上がれるように作った。

小上がりの畳スペースは、赤ちゃん連れに大好評。

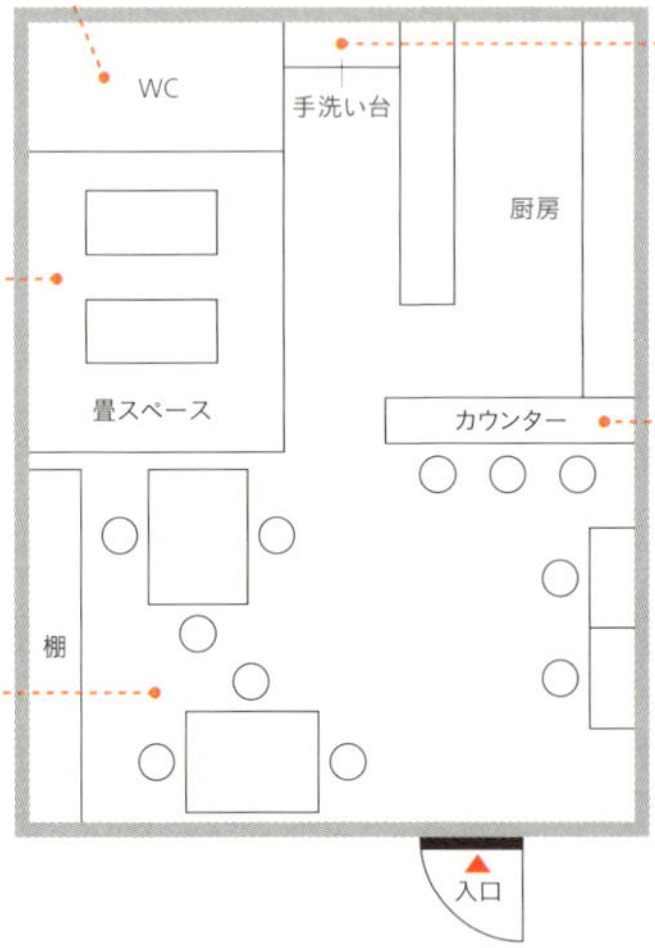

人数に合わせて移動させやすいよう、テーブルとイスはコンパクトなもので揃えた。

カウンターの上部にメニューを貼り付けているため、テイクアウト注文はここでとる。

1日の流れ

- 6:00 起床後、朝食をとる。
- 8:30 家を出る。車で通勤。
- 9:00 お店に着く。掃除をしてから、精米をしたり、出汁をとったりして開店準備をする。
- 9:30 ランチの仕込み開始。
- 11:30 オープン。ランチスタート。
- 11:45 予約済みのテイクアウト用のお渡しスタート。
- 14:00 クローズの時間だが、延びてしまうことも多い。
- 15:30 片付け終了。翌日の仕込みに入る。
- 17:00 お店を出る。お気に入りのカフェや銭湯に寄ることも。
- 18:00 帰宅し、夕食の準備。
- 23:00 就寝。

カフェをはじめる&続けるためのQ&A

リノベーションコンテストで入賞し、賞金100万円獲得？

物件探しに翻弄されている間に、実は3つのビジネスプラン関係のコンテストに応募しました。きっかけは、お店を開くことの背中を押してくれた地元の老舗の知人。春日部市内の商店会や行政関係の人などさまざまな職種の人が集う「いきなり懇親会」という会を催すので、そこで自分が考えているお店のことを発表してみては？ と言われたのです。そこから何かが動くかもしれないと……。突然のことで戸惑いましたが、お店のこと、食育に関する思いを手書きでまとめて発表。すると、その中にいた人から、すごくいいアイデアなのでビジネスコンテストに応募するべきという助言をいただきました。そして応募した3つのコンテストのうち、埼玉県が主催するリノベーションのコンテストで優秀賞を受賞。賞金100万円をいただき、開業資金に充てることができました。

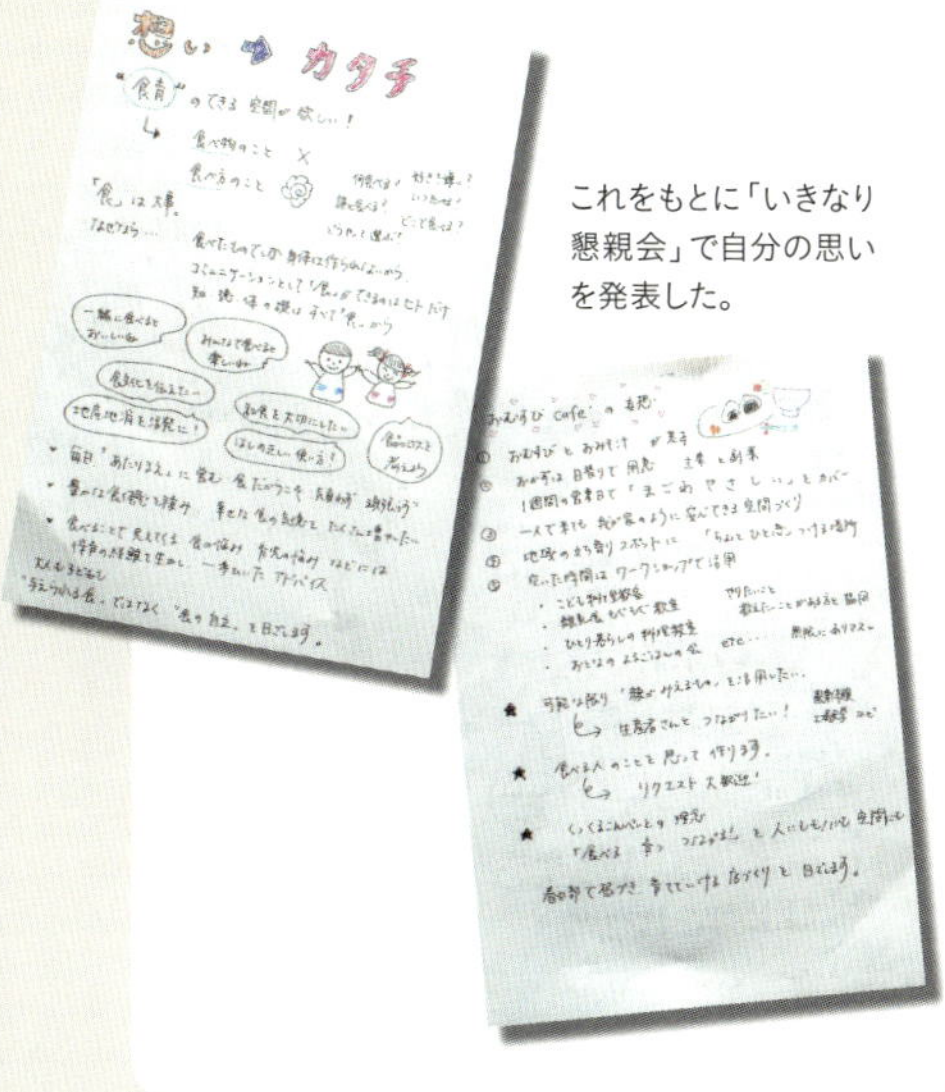

これをもとに「いきなり懇親会」で自分の思いを発表した。

物件を紹介してくれた人がいる粕壁商店街NEXT PROJECTとは？

埼玉県・春日部市・商工会議所のバックアップを受けた春日部駅東口商店会連合会による組織です。空き店舗と創業希望者のマッチングを図るなど、空き店舗解消を通じて地域商業活性化を目的としてつくられたプロジェクトで、商店会の若手が中心となって運営しています。私は、お店を出すエリアを飲食店が非常に少ない春日部駅の東口周辺と決めていたのですが、それを知った知人からこのプロジェクトを紹介され、会合などに出席するようになりました。そこで出会ったメンバーには、物件探しをはじめ、開業までにいろいろ手助けをしてもらいました。人とのつながりの重要さを改めてひしひしと実感しました。

店舗工事が思うように進まなかったとか？

着工したはいいのですが、それから職人さんが来たり来なかったりで大変でした。早く進めてくれるように何回もお願いしましたが、予定より1カ月くらい遅れてしまいました。施工の進行計画書は綿密に立ててもらい、頻繁にチェックすることが大切と実感しました。その間に壁塗りのワークショップを開催できたことだけは良かったです。

子どもも参加できるワークショップで塗った壁におむすび発見！

お店の個性を出すツール

2

SHOP CARD

**ショップカードはまさにお店の小さな広告。
手にとって持ち帰りたくなるデザインの数々、
どうぞご覧あれ。**

小さな存在ながら、表と裏の2面でお店のさまざまな情報が提供でき、デザインを凝らしたものが多いショップカード。名刺サイズのものが圧倒的に多い中で、ユニークな形のものやポストカードサイズのこだわりのものまで。お店の個性が際立ちます。

空色が
目をひく

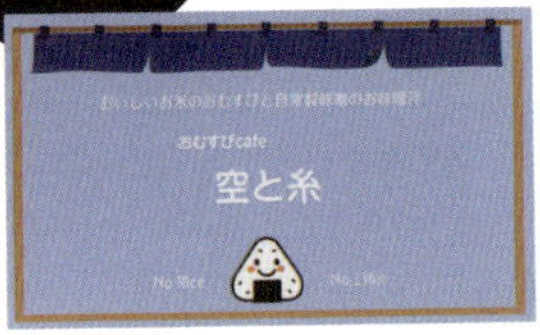

おむすびcafe 空と糸 —— p.62

青空の下で育ったお米や大豆を思わせるカードの色。かわいいおむすびのイラストに添えられたのはNo Rice, No Life！

お店の色と
リンク

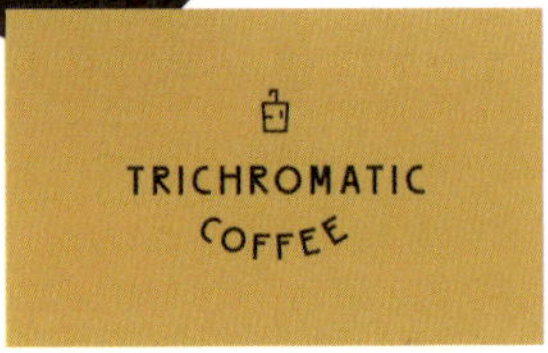

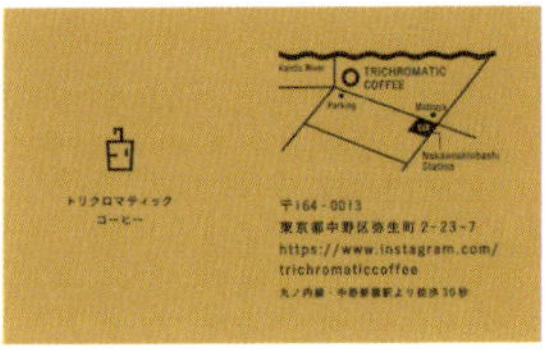

TRICHROMATIC COFFEE —— p.24

お店のイメージカラーである黄色を採用。かわいいアイスコーヒーのロゴマークにトリクロの文字が隠れている。

個性的な
カタチ

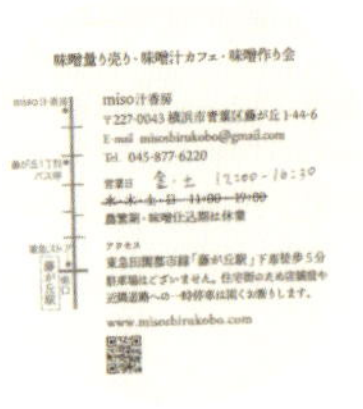

miso汁香房 —— p.70

ユニークな形で個性的なショップカード。表面には稲穂と大豆の影絵も添えられ、ロゴまでもが凝りに凝ったデザイン。

イラストが
際立つ

KIJI CAFE —— p.56

細かい描写と独特の味わいがあるキジのイラストは、元インテリアデザイナーであった店主の轟 裕介さんが描いたもの。

シンプルで
おしゃれ

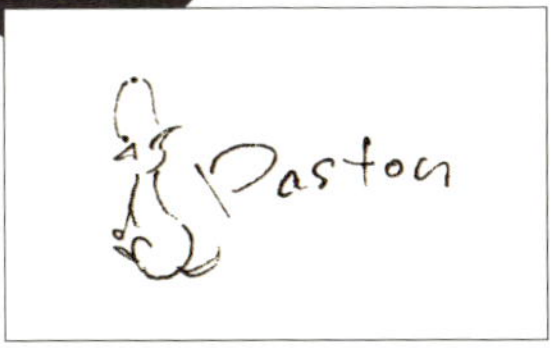

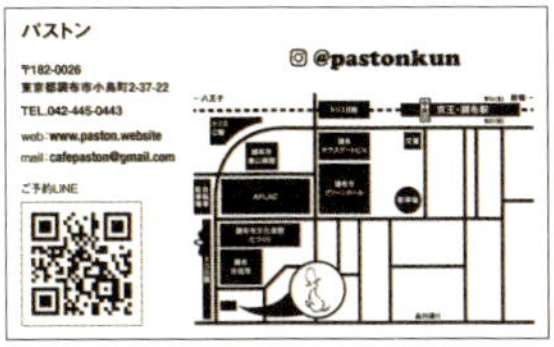

Paston —— p.40

白い紙に黒い文字。お店のシンボルマークの犬「パストン」も黒1色の線画で。シンプルなデザインで清潔感とおしゃれさを表現。

紙質にも
注目！

喫茶れとろ —— p.84

昭和時代のレトロなお店にマッチした、ざらついた紙質のショップカード。昔を思わせるノスタルジーあふれる書体も素敵。

正方形が
かわいい

ぴえに。 —— p.18

ひと味違う正方形の小さなカードには、店主の好きなものからイメージした原稿用紙と吹きだしのデザインが。

はがき大の
フリーペーパー

VERT DE GRIS PUMP
—— p.92

雑誌の表紙のようなデザインが素敵なショップカードは、はがき大のサイズ。今まで63種類出していて、コレクションしているお客も。

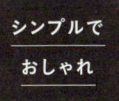

神奈川県内で
開業したカフェ

味噌汁専門のカフェ&ショップ

神奈川県横浜市
miso汁香房

丹波篠山で黒豆と味噌を作り、
横浜でその味噌を使った味噌汁カフェを営む

店主
天野恭子さん

店主・天野さんが考える

カフェをはじめるのに大切な3つのこと

1

長時間&重労働にも耐えられる「体力」

営業時間＝労働時間ではありません。料理の仕込みにも時間がかかり、お店をクローズしたあとは片付けや掃除もあります。営業中は立ちっぱなしで、重い食材を運ぶ力仕事もあります。きちんと食べて十分に睡眠をとり、体力をつけておくことが大切です。

2

たくさんの人を笑顔にさせる「ホスピタリティ」

お客さまの「おいしかった」「心地よかった」のひと言が何より自分たちのやる気につながり、自然に笑顔が広がった店内の雰囲気も良くなるという好循環が生まれます。心のこもったおもてなしは、必ずお客さまに伝わります。

3

コンセプトを明確にした「オリジナリティ」

このお店でしか食べられないもの、買えないもの、体験できないことを提供していけば、お客さまはリピーターになってくださいます。そのためにもオリジナル性の高いコンセプトを考えることが必要だと思います。

Data

miso汁香房《みそしるこうぼう》

神奈川県横浜市青葉区藤が丘1-44-6
☎ 045-877-6220
🕒 12:00〜16:30
㊡ 日〜木曜

兵庫県の丹波篠山で無農薬で育てた黒豆の味噌を使った味噌汁を味わえる、自宅の一部を改装して店舗にしたカフェ。店内では味噌ソムリエの店主が厳選した味噌をはじめ、豆類、調味料、焼き菓子などの販売もしている。

開業日
2021年7月（現在の店舗）

開業までの期間
約3カ月

開業するまでの投資額　約271万円

店舗物件契約保証金、礼金、不動産手数料など	自宅のためなし
店舗工事費	約230万円
什器、備品費など	約25万円
運転資金など	約16万円

店舗規模
約6.1坪

席数
約10席

1日の平均客数
10〜12人

1日の売上目標
4万円

1 味噌が選べて具なし味噌汁3種が味わえる、味くらべ味噌汁セット。2 骨付きチキンを沖縄のうっちん味噌に漬け込み、大豆やトマトなどと一緒に16種類のスパイスと炒め玉ねぎでじっくり煮込んだ、スパイスみそカレー。3 自家製大納言小豆の善哉。4 紅茶は紅茶コーディネーターのあやこ店長がセレクト。

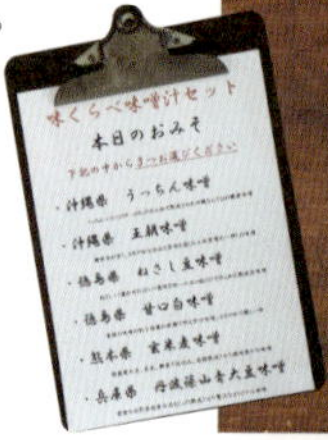

1

3

2

4

ないから作った味噌汁カフェ。店主が育てた黒豆で作る味噌を使った味噌汁は極上の逸品

2拠点生活で営業形態を変更して営業

友人とさまざまな形態のカフェをオープンしてきた天野さん。きっかけは、小さな子ども連れで入れるカフェがなかったこと。「ないならば、自分たちでつくってみようと思いました。〝なければつくる〟という考えが自分にはずっとベースにあるように思います。なので、今までつくってきたカフェは+αをお客さまに楽しんでいただけるお店ばかりです」

そんな天野さんがひとりで営業(経営は夫婦で)することになって行き着いたのは、味噌汁専門カフェという珍しいスタイルのお店。「m·i·s·o汁香房」は当初、料理本1000冊を揃える都内の小さな古本カフェでした。

「味噌汁と小鉢をメインにしたランチを提供していましたが、その後味噌汁がもつパワーに気づき、日本の味噌をもっと知ってほしいという思いが募りました。全国の味噌の味を体験的に知ることができるお店が当時はなかっ

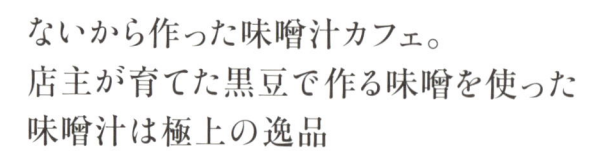

店主のこだわり

おいしくて安心して食べられる食材を厳選

食材には発酵伝統食（味噌・醤油・みりん・酢・麹・甘酒など）と、野菜は丹波篠山と関東近県で作られた無農薬野菜を8割以上使用。米は丹波篠山コシヒカリの玄米を3分搗きにし、肉や魚は環境（アニマルウェルフェアの考え）を尊重している畜産業者のものを選んでいます。

OPENまでの道のり

2002年
友人と自家焙煎コーヒーと天然酵母パンのカフェを屋台の形態でオープン。その後、4カ所でさまざまな形態のカフェをオープンして経験を積む。

2011年11月
東京都の大岡山に「miso汁香房」をオープン。

2021年3月
家賃がかからない自宅へ移転することを決め、現在の店舗への移転準備スタート。自宅庭に店舗入口を作るため、業者と打ち合わせ。

2021年4月
大岡山店舗閉店。店舗工事開始。

2021年5月
内装工事はすべて自分で行う。

2021年6月
工事終了。物販商品準備。ホームページ完成。

2021年7月
移転してのリニューアルオープン。

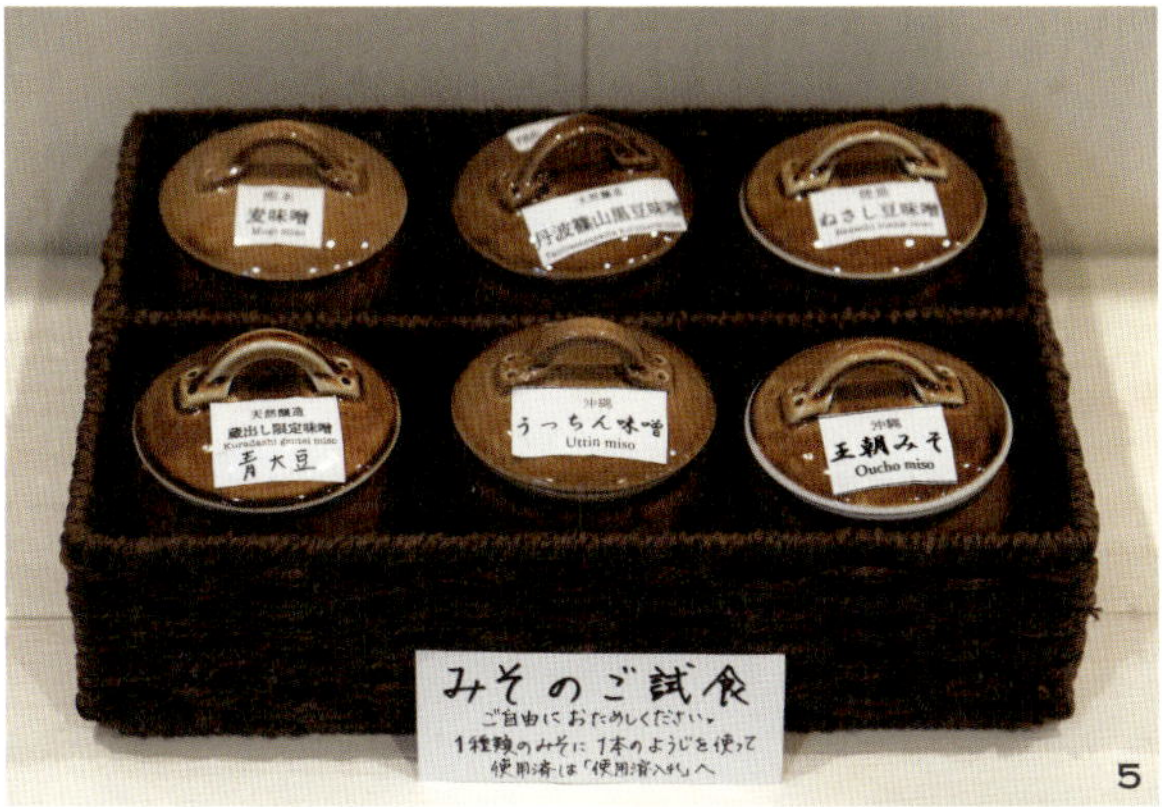

5

7

6

5 味見をして気に入ったものを買ってもらえるようにと用意した味噌の試食コーナー。**6** 大豆を作っている丹波篠山のスイーツも販売。**7** 味噌は自家製と厳選したもの15種類ほどを販売している。

たため、２０１４年より味噌汁専門カフェに変更しました」

同時に販売する味噌も厳選。全国の蔵元の味噌を取り寄せ、味噌ソムリエの資格を持つ天野さんがおいしいと思う味噌だけを販売し、さまざまな味噌作り会を定期的に開催しています。

２０２０年からは兵庫県丹波篠山市に夫婦で移住。地元の自然栽培農家から手ほどきを受け、無農薬でおいしい黒豆味噌を作るための黒豆作りをはじめ、ｍｉｓｏ汁香房専用の味噌製造所も構えました。

翌年、コロナ禍での営業が厳しくなり、家賃のかからない自宅へ移転することを決意。都内のお店を閉め、自宅の一部を改装して再スタートを切ります。

丹波篠山での黒豆作りがあるので横浜との２拠点生活を送る天野さん。お店の営業は週２回に縮小し、店長を雇うスタイルに変更しました。丹波篠山で育てた豆で味噌作りを続けながら、味噌汁と味噌を楽しめるお店づくりに奮闘中です。

エイジング加工で長年使い込んだような雰囲気に

住宅街にあるため、音漏れ防止に周りをラティスフェンスで囲いました。内装はエイジング加工して、長年使い込んだような雰囲気を出すように工夫しました。

小さい庭に作ったテラス席。ラティスフェンスを作ったので外からは見えない。

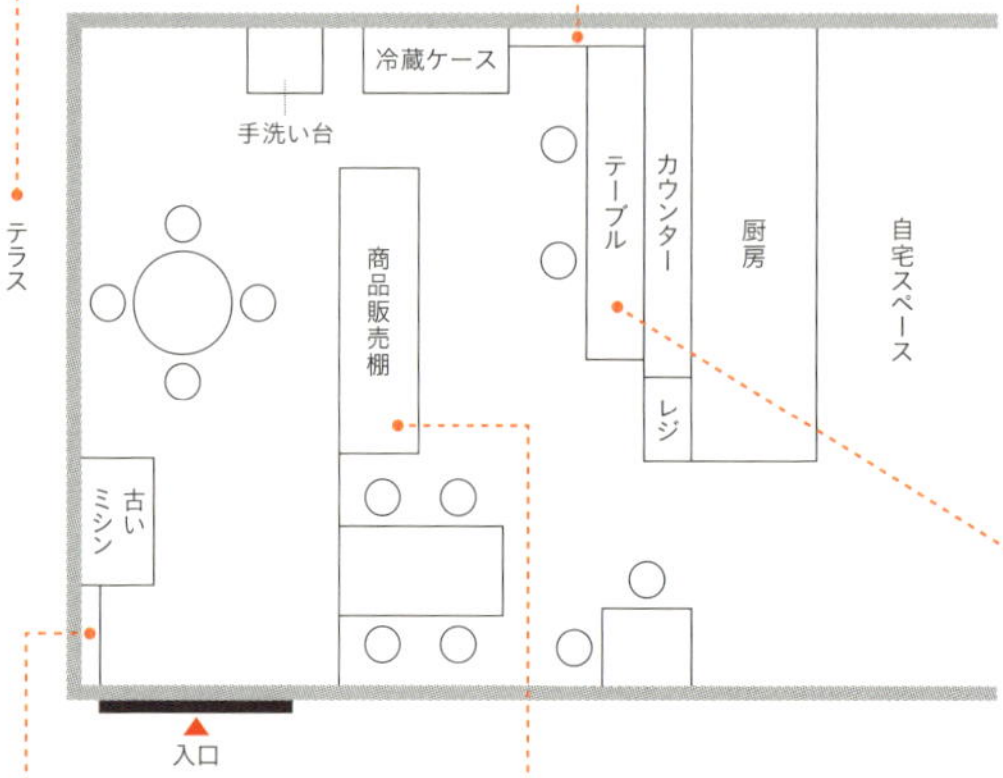

味噌や食に関する本は自由に読むことができる。

お店が狭いため、カウンター前の長いテーブルは幅を狭めに設計した。

かわいらしいミニチュアの味噌汁でお客をお出迎え。

豆類や調味料、焼き菓子などが並ぶ物販コーナー。

1日の流れ

- 6:00 起床。コーヒーを淹れる。
- 7:30 家事。犬の散歩。
- 8:30 お店の換気。食材を準備する。
- 10:00 午前の食事（1日2食）。掃除。
- 11:00 店内の準備。※店長
- 12:00 オープン。※店長（店主はお店が忙しいときのみお手伝い、通常は事務作業・仕込みを担当）
- 16:30 レジを締め、片付け。※店長
- 17:00 店長退店。
- 17:30 食材の買い出し。
- 18:30 午後の食事。犬の散歩。
- 22:30 就寝。

カフェをはじめる＆
続けるための

Q＆A

店内で物販もしていますが売上の割合は？

味噌、調味料、焼き菓子などを販売していて、売上は全体の2/5ぐらいです。物販の客単価は3000〜4000円とわりと高めですね。お客さまによっては1万円くらい買ってくださる方も。お店では味噌作りや味噌汁研究など味噌に関するワークショップも開催しており、これも大切な収入源になります。「ポジャギを楽しむ会」など、専門講師主催のワークショップを開催することもあります。

丹波篠山の魅力を伝える発信場所として丹波篠山の商品の販売も。

印象に残っているお客さんはいますか？

具沢山味噌汁定食を召し上がったお客さまが涙を流しながら「こんなに丁寧に作られた味噌汁をいただいたのは初めてで感動しました」とおっしゃってくださった言葉を今もときどき思い出しながら、心を込めて作るようにしています。「夫にも食べさせたい」と2回目は夫婦でいらっしゃる方もいたりして、本当に嬉しくなります。

具沢山味噌汁定食は、旬の素材が入荷する時期に期間限定で提供する。

お店を続けていて壁に突きあたったことは？

夫婦だけで丹波篠山で黒豆を自然栽培で作り、その黒豆で味噌を仕込んで販売しています。農繁期は店を臨時休業して丹波篠山で作業しなければならず、お客さまには味噌が買えない時期があり、ご不便をかけてしまっていました。もはやひとりでは農作業と店舗の両方の仕事をこなせないと判断。3名の食関係のプロとして活躍している友人たちが店長を引き受けてくれることになり、2024年4月から週4日営業を週2日営業へ変更。これで農繁期も臨時休業することなく営業できるようになりました。

店長のともさん（右奥）、あやこさん（手前）、ゆりさん（左）。

住宅街にあることのメリット、デメリットは？

近所に住んでいらっしゃる方がファミリーで来店してくださることが多いです。ちょっと意外でしたが、小さなお子さんも喜んで味噌汁を召し上がるんですよ。最初の2年は会社帰りの人も狙って夜7時までオープンしていましたが来店はなし。それで閉店時間を早めました。人の話し声は意外に気になると思い、カフェの部分はぐるりとラティスフェンスで囲み、音漏れ防止対策をとりました。客層的にそんなに大声で話したり騒いだりする方がいないからか、ラティスフェンスのおかげかはわかりませんが、今までに苦情はありません。

長野県内で

開業したカフェ

定食とかき氷が人気のリノベーションカフェ

長野県長野市

polka dot cafe

幼なじみと店舗をシェアし、
得意の和食と大好きなかき氷で
注目エリアに出店

店主・山田さんが考える

カフェをはじめるのに大切な3つのこと

1

自信のあるものを作り、自信をもって提供する

お店の2本柱は定食とかき氷です。定食は和食料理店での長い経験がありました。かき氷は、おいしいお店があると聞けば遠方であろうと食べに行って味覚を鍛えました。そのうえで納得がいくまで試作を繰り返して、自分のお店の味に仕上げました。

2

こだわりどころをブラさない強さをもつ

一年中かき氷を提供すると話すと、「冬が寒い長野で?」と驚かれると同時に、やめたほうがいいとも言われました。でも、通年食べられるかき氷はお店の最大のウリ。そこがブレては、なし崩し的にいろいろなことがブレると思い、変えない覚悟をもちました。

3

何人でお店をまわすのかを決めておく

営業は自分ひとりでやりきるのか、家族に手伝ってもらうのか、アルバイトを雇うのか。営業をはじめてからスタッフを増やすことはもちろんできますが、お店をまわす人数は店舗の広さやメニュー構成、営業時間などあらゆることに関わってきます。

店主 山田大輔さん

Data

polka dot cafe《ポルカ ドット カフェ》

長野県長野市鶴賀権堂町2390-1
☎ 026-225-9197
🕒 11:30〜15:00(L.O.14:30)
18:00〜22:00(L.O.21:00)
㊡ 水・木曜

善光寺にほど近い場所にある、築70年以上の古民家をリノベーションしたカフェ。通年提供するかき氷が人気で、ふわっとした口溶けの氷に信州産素材にこだわった自家製シロップがたっぷり。小鉢の品数が多い定食も評判。

開業日
2018年3月

開業までの期間
約10カ月

開業するまでの投資額　約741万円

店舗物件契約保証金、礼金、不動産手数料など	約6万円
店舗工事費	約500万円
什器、備品費など	約135万円
運転資金など	約100万円

店舗規模
約14.2坪

席数
約15席

1日の平均客数
約20人

1日の売上目標
3万円

1

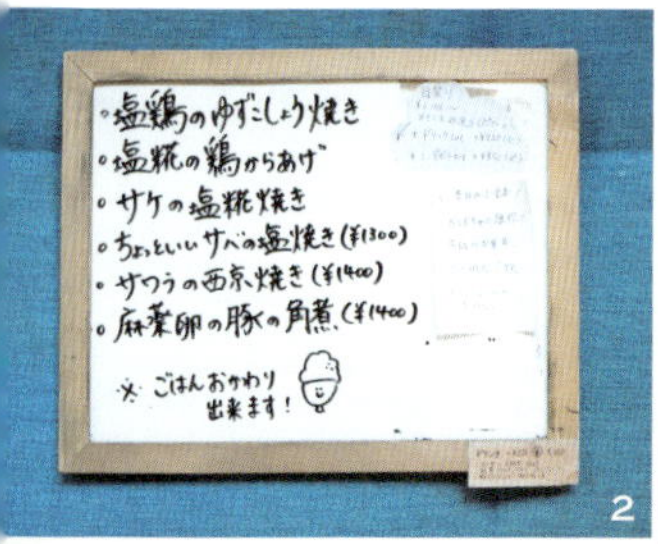

2

3

築70年以上の物件が幼なじみとの夢をひとつにした

築70年以上の2階建てを古着屋とシェア

長野県長野市の善光寺門前エリアは、若い世代を中心に空き家をリノベーションしたお店が増え、にぎわいを創出している街として、全国的にも注目が集まっています。

その地に、築70年以上の2階建ての空き家をリノベーションして、1階にお店をオープンした山田さん。2階は山田さんの幼なじみ、駒込さんが営む古着屋です。

山田さんは小さい頃から料理が好きで、将来は地元でお店をもちたいと考えていました。そのために東京の飲食店で働いて経験を積みます。32歳でUターンし、お店の準備をはじめようとしたとき、駒込さんが昔から古着屋をやりたいと言っていたことを思い出します。声を掛けると話は盛り上がり、家賃が安く済むよう、ふたりで物件を借りるところまでまとまりました。

以前からずっと善光寺門前界隈のリノベーションに興味があった山田さん。ふたりで商工会議所に相談に行くと、周辺エリアの古民家や空き家のリノベーションを専門に手がける不動産会社を紹介され、今の物件に巡り合います。

「最初はピンときませんでしたが、1階と2階でお店の棲み分けができるのはいいと思いました。原状回復不要で好きなようにリノベーションできるから、自分たちの世界観がつくりやすいと思い、決めました」

古い物件だけに渋くならないよう、内装はレトロポップな雰囲気に仕上げることに。友人たちに手伝ってもらいながら、カラフルなタイルを貼ったり、壁を塗ったりと内装はほぼ自分たちで行いました。

メニュー構成は迷うことなく、定食とかき氷の2本柱に。長野に戻ってからも東京に〝かき氷遠征〟に出かけるほどのかき氷好きの山田さん。夏にしか食べられなくて悔しい思いをしていたので、自分のお店では一年中食べられるように。冬でもかき氷を食べられるお店として認知されています。

6

4

5

OPENまでの道のり

2010年
都内の和食料理店やカフェなどの飲食店で働く。

2017年
カフェの経営を考え、長野へUターン。

2017年5月
物件を探しはじめる。

2017年9月
物件を契約。

2017年10月
店舗工事開始。築70年以上で50年ほど空き家だったため、水道やガスなど大掛かりな工事に。

2018年2月
内装はほぼ自分で行い、「なんとか形になった」状態で工事終了。

2018年3月
オープン。

1 日替わり定食のメインは肉と魚から選べ、焼き料理や煮込み料理など、日によってバラエティ豊かに変化。小鉢の品数も豊富で、おいしいものを少しずつ、お腹いっぱい食べられる。**2** 日替わり定食は壁に掲げたホワイトボードでお知らせ。**3** 水はセルフサービスでお願いしている。**4** 入口に「氷」の旗がお店の目印。**5** 年季が入ったアイスケースは残置物。かき氷用のアイスストッカーとして使用している。**6** お店の看板商品のかき氷。シロップは長野県産の果物を使った自家製。ナガノパープルのシロップにマスカルポーネチーズをのせたタイプは、2024年のヒットメニュー。年や季節によってフレーバーが替わり、夏季は5〜6種類、冬季は1〜2種類に。

店主のこだわり

一年中食べられる、長野県産の旬の果物をたっぷり使ったシロップのかき氷

私はかき氷が大好物！ 夏以外にも食べたいと思っていたので、通年で提供することにしました。氷は冷凍庫から出し常温で氷の温度を上げ、しっかり緩めて削っています。これで頭がキーンとしにくい、ふわふわ氷に。シロップは長野県産の旬の果物をたっぷり使った自家製です。

味わいのある建物に合わせて什器はすべて古道具で

2階建ての古民家を古着屋とシェア。入口は同じで、古着屋に行くお客さまはカフェの中を通って2階に上がります。テーブルやイスは味わいのある建物に合わせて古道具を選択しました。

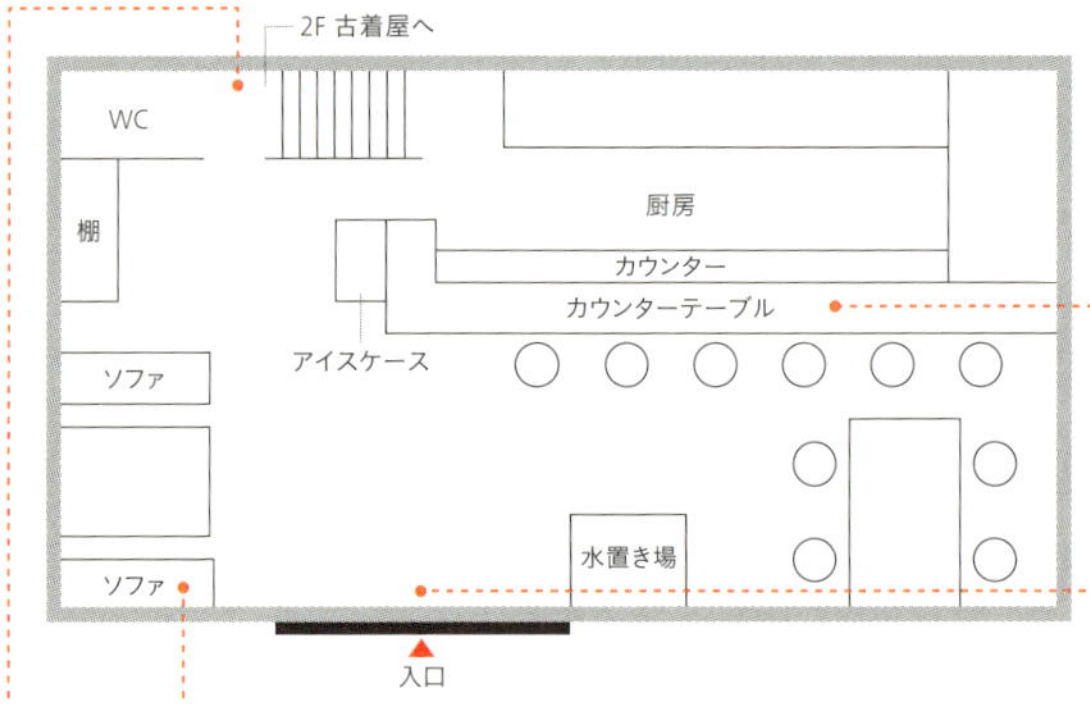

オープンキッチンのスタイルで、カウンターを食器置き場にしている。

床は知り合いの子どもがペンキのついた靴で歩き回ったのをあえてそのままに。

入口の突きあたりにある階段から2階の古着屋へ行けるようになっている。

大きなテーブルとソファ席ではゆったりと食事ができる。

1日の流れ

- 8:30 起床。
- 9:00 家を出て、お店へ行く途中に買い出し。
- 10:00 お店に到着。ランチの準備に取りかかる。
- 11:30 オープン。ランチスタート。
- 15:00 一旦クローズし休憩時間に。夜の部の準備をはじめる。
- 18:00 夜の部オープン。
- 22:00 クローズ。片付けや翌日の仕込みをすることも。
- 23:00 お店を出る。
- 23:30 帰宅。
- 26:00 就寝。

カフェをはじめる＆続けるための Q&A

カフェという形態のお店で、なぜ定食をメインに？

東京の和食料理店に勤務していたとき、その運営会社は居酒屋やお昼営業の定食屋などいろいろな店舗を持っていて、私はいくつかの現場を経験させてもらいました。その中の定食屋で働いていたとき、そこは高校生やお年寄り、誰でも気軽に来られるお店でした。お客さまを絞らない定食屋。「私がやりたかったのは、これだ！」と気づいたんですね。それで、「誰でも気軽に来られて、ごはんをガッツリ食べられるお店。ひとりでも家族でも困ったときにあそこに行けば、おいしいものが食べられる、と思い出してもらえるお店を持ちたい」と、思うようになりました。いろいろな人が集まる場所をつくりたいという思いもあったので、そうすると、定食屋よりカフェというスタイルのほうが合っていると考えました。

polka dot cafeのかき氷が食べられるサウナを作ったとか？

2024年5月、長野県上田市の別所温泉街に「水玉sauna」を作りました。polka dot cafeの姉妹店です。かき氷と同じくらいサウナが好きで、好きが高じて……というやつです。ここは妹に店長を任せていて、私はカフェが休みの日などに行くようにしています。カフェと同じかき氷がサウナでも一年中食べられるようにしています。

カフェの入口にサウナの案内。サウナのお客がカフェを訪れることも。

友人と物件をシェアすることのメリット、デメットは？

家賃が半分で済むこと。毎月かかるものですから、これは大きなメリットです。シェアしているのは物件だけで、経営は別々です。お店をはじめてすぐの頃は、なかなか客数が伸びなくて、どうしようと思いましたが、そんなときはふたりで励まし合いました（笑）。ひとりで腐らずに済むのがいいです。入口がひとつなので、古着屋が目的のお客さまは、うちのお店を通って行かれます。帰りにコーヒーを飲んで休んでいかれる人も多く、ありがたい限りです。デメリットは……浮かびません！

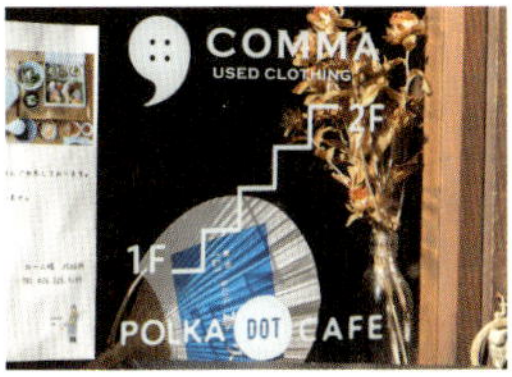

入口の窓に、1階がカフェで2階が古着屋の案内を書いている。

築70年以上の物件のリノベは大変そうですが……

物件を紹介してくれた空き家専門の不動産会社が設計事務所と建設業も兼ねていて、リノベーションの設計施工や管理までワンストップで行っていたため、そこにお願いしました。ガスや水道の工事もあったのでかなり大掛かり。500万円ぐらいかかりました。

50年くらい前はそば屋だったらしいが、以降長らく物置の空き家だった。

Special

どんな人でも
「ここに来ればおいしいものが食べられる！」
と思ってもらえるお店を目指しています

愛知県内で
開業したカフェ

昭和レトロの懐かしい空間

愛知県犬山市
喫茶れとろ

また食べたくなる人が続出の
店主手作りのシフォンケーキと
名古屋名物鉄板ナポリタンがウリ

店主・足立さんが考える

カフェをはじめるのに大切な3つのこと

1

自分にとって何が一番大切かを考える

お店をやると決めたとき、「子どものことを一番に優先する」と自分に約束しました。だから土曜を定休日にして、子どものスポーツの応援に行くようにしていました。子どもに何かあればお店は休む、行事にも必ず参加するため、不定休を設けています。

2

お客さまは友達ではないので、寄りすぎない気持ちをもつ

お客さまと仲良くなりすぎると常連客ばかりになり、一見さんが入りにくくなったり、騒がしくなったりしがちです。また自分の仕事もしづらくなります。お客さまと話す場合も、深い話はしないように心がけています。

3

ゴールをつくっておくと気持ちが少しラクになる

私はお店を辞める年齢を決めて、このお店をはじめました。定年のないのが自営業のいいところではありますが、私の場合、そうなるといつまでがんばればいいんだろうとしんどくなってしまう。ゴールを見据えておくと気持ちが少しラクになります。

店主
足立摩里子さん

Data

喫茶れとろ

愛知県犬山市上坂町3-166
☎ 0568-61-6767
🕐 11：00～17：00
㊡ 土曜、不定休あり

犬山城の城下町である住宅街の中に位置する、昭和時代の喫茶店をイメージしたレトロな雰囲気のカフェ。名物は鉄板ナポリタン。熱々の鉄板の上に盛られたもちもちの太麺パスタをたまごにからめていただく。

開業日
2017年5月

開業までの期間
約3年

開業するまでの投資額　約287万円

店舗物件契約保証金、礼金、不動産手数料など	約32万円
内装工事費	約180万円
什器、備品費など	約35万円
仕入れ費	約20万円
その他	約20万円

店舗規模
約21坪

席数
約21席

1日の平均客数
平日約20人、土日祝約35人

1日の売上目標
3.5万円

リピーター客の決め台詞の
ようになっている
「また食べたくなって……」

1 足立さんの小さい頃に祖母がよく作ってくれたのを再現した、昔懐かしれとろプリン。2 カットシフォンにバターを塗って焼いた焼きシフォンは、表面がサクッとして中はしっとり。3 厳選した茶葉を使った、本日の紅茶。4 これを目当てに訪れる人も多い、鉄板ナポリタン。

店主のこだわり

季節に合ったフレーバーが登場する素材だけで作る極上シフォン

店内で毎日手作りしているシフォンケーキは、定番のプレーンや紅茶のほか、旬のフルーツや野菜を使ったフレーバーのものを季節ごとに出しています。加工品や香料は使わず、素材の味を最大限に引き出したもの。ふわふわで、口に入れるとシュワ〜ッと溶ける食感も大切にしています。

OPENまでの道のり

2014年まで
イタリアン、懐石料理、コーヒー専門店など、さまざまな飲食店で14年間働く。

2014年
物件探しをはじめる。条件に合う物件がなかなか見つからない。

2017年2月
物件を契約。

2017年3月
内装工事開始。

2017年4月
工事終了。

2017年5月
オープン。

2020年10月
キッチン増設のため、一旦店をクローズ。

2020年11月
リニューアルオープンし、シフォンケーキなどスイーツの販売もはじめる。

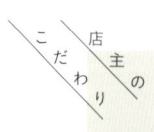

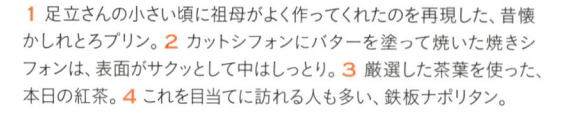

タイミングは思ったときがそのとき

飲食店勤務の経験が15年近くある足立さん。結婚や子育てで離れた時期もありましたが、そんなときにも「やっぱり自分は飲食店で働くのが好きなんだ」と痛感していたそうです。

同級生の友達とおしゃべりしていたとき、足立さんが背中を押された言葉に出合います。

「飲食店での経験を活かして、自分のお店をやりたいんだけど、開業するタイミングがないんだよねと話すと、その友達から『子どもがふたりいる中で、そんなタイミングなんてこないわよ。思ったときがそのタイミング！』と言われ、ハッとしました」

当時ふたりの息子は小学生。スポーツクラブに入っていたため、休日でも練習や試合の付き添いがありました。子どもたちの手がかからなくなったらと思っていましたが、そのとき自分がいくつになっているかを想像してみると……。

「飲食店で働くのが体力的にキツいのは私が一番よくわかっています。お店をやるなら少しでも若いほうがいいのは確か。よし、やってみるか！ とスイッチが入りました」

条件に合う物件を見つけるまでに約2年。カラオケ喫茶のお店だった物件を居抜きで借りられることになりました。

昭和レトロな喫茶店が好きだったので、それを自分好みに再現したいと考えた足立さん。昭和テイストのデザインを得意とする内装工事会社を見つけます。

「昭和レトロというキーワードはあるものの、まだぼんやりとしていた自分の頭の中にあることをどんどん明確にしてくれて、それに合ったアイデアを出してくれるので、とても頼りがいがありました」

オープンして3年後には、人気メニューのシフォンケーキを店内で販売もするためにキッチンを増設してリニューアル。シフォンケーキ専門店の異名を持つようになりました。

5 カップ＆ソーサーは地元愛知県の食器ブランド、ノリタケの古いものが中心。6 カットシフォンは定番のプレーンのほか、季節限定品も。7 シフォンケーキをラスクにしたオリジナル。8 ドリップバッグとコーヒー豆の販売も。

5

8

7

6

オレンジ色の灯りが映える レトロな空間づくり

レトロなタイルやファブリックを要所要所に使い、オレンジ色が映えるインテリアのアクセントに。誰でも入って来やすいよう、個性的になりすぎないレトロ感を意識しました。

小上がりのステージだったところは、ゆったりできるソファ席に。

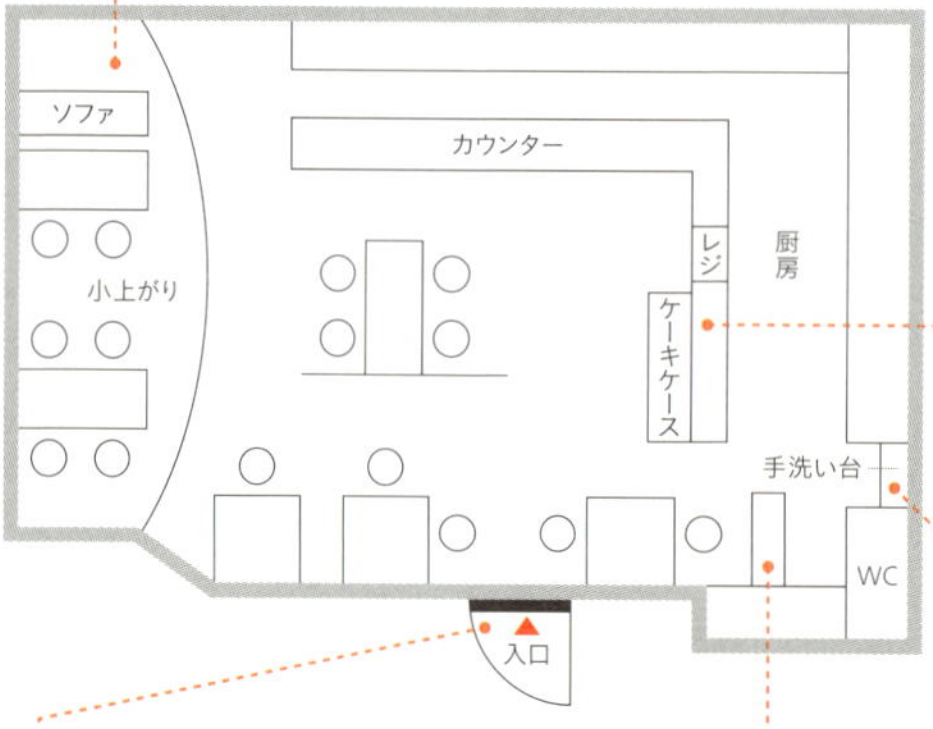

ケーキケースの後ろにある黒板はお知らせコーナー。

タイルの手洗い台、ウッドフレームのミラー、蛇口、どれも見事にレトロテイスト。

八角形のはめ込みガラスが印象的なヴィンテージ感のあるドア。

インテリアにも一役買っている食器棚。この中からお客がカップを選んでもいい。

1日の流れ

- 5:50 起床後、お弁当を作り、朝食をとる。
- 8:00 SNSに投稿。
- 8:30 家を出てお店へ向かう。途中で買い出し。
- 9:30 お店に着く。掃除、仕込み、開店準備をする。
- 11:00 オープン。ランチタイムにあたる時間は、アルバイトがひとり入る。
- 15:00 アルバイトが退店。
- 17:00 クローズ。片付けをする。
- 18:00 帰宅し、夕食の準備。19時までにSNSに投稿。
- 23:00 就寝。

カフェをはじめる＆
続けるための

Q＆A

コーヒー豆の仕入れ先はどのようにして探しましたか？

名古屋と岐阜周辺で、注文してから焙煎してくれるところを探しました。それで気になったお店に買いに行ったり、ネットで取り寄せたりして、自分で淹れて味を確かめ、小ロットでも取引可能なところに決めました。味覚にも地域性があるのか、このあたりの人はしっかりした味を好むように思いますので、そこを考慮してこのお店のブレンドを作ってもらっています。

酸味は控えめで強い苦味が中心、ふくよかな味わいのれとろブレンド。

今の店舗を見つけるまでに2年もかかったんですね？

交通量の多い県道沿いは嫌、駅前でなくても良い、お酒を扱わないので駐車場があるところ、それに家賃の上限を決めていたくらいでしたが、2年ぐらい見つかりませんでした。最初は住まいの近くで探していましたが、お店以外のところでお客さまに会ったりするのはちょっと疲れるかもと思い直し、自宅から少し遠い地域で探すようになりました。ようやく見つけた今のお店は、最寄り駅から徒歩10分くらいで、静かな住宅街の中にあります。人によってはちょっとわかりにくく、迷ってしまう人も。でも、今はそれがウリになりつつあるので驚いています。ネット社会で、わかりにくいところに行きたくなるような風潮があるんですかね。裏道にこんな穴場スポットがある、と多くの人が訪れてくれるようになっています。

お店の宣伝はどんなふうにしている？

インスタグラムがメインです。ストーリーズに1日2回、普通の投稿は1週間に1回程度。季節に合わせて作るスイーツの投稿が多いです。グーグルマップにお店が表示されるように登録するのがおすすめです。海外からのお客さまがとても増えたのでお話をうかがうと、グーグルマップで検索してこのお店を知り、来られているようです。

インスタグラムの投稿は足立さん手作りのスイーツの写真がたくさん。

居抜き物件のいいところは？

カラオケ喫茶のお店だったそうです。大きなステージはその名残。小上がりになっているそこのスペースをソファ席にして、ちょっと特別感のある感じにしています。厨房機器に使えるものが多かったので、初期投資の節約になって助かりました。喫茶という同じ業態のお店だったため、手を加えるところが少なくて済んだように思います。

ステージだったスペースは1段高く、板材が使われていた。

COFFEE & TEA

お店の個性を出すツール

3

ORIGINAL GOODS

**お店で提供する定番の味から
周年記念の特別限定品まで、
お店とお客をつなぐ
オリジナルグッズが勢揃いです。**

こだわりをもってオープンしたカフェだから、自慢のコーヒー豆やドリップコーヒーバッグなどを5店が販売しています。でもこだわりは味だけにあらず。Tシャツやバッグ、オリジナル缶などお店のスタイルも楽しんでほしいと個性豊かなグッズも制作しています。

KIJI CAFE —— p.56

お店で人気の自家焙煎のコーヒーをドリップコーヒーバッグに。キジが描かれたパッケージデザインも自分たちで。

ぴえに。 —— p.18

オリジナルコーヒーの「ぴえに。ブレンド」が家でも飲めるようにと作った1杯分の豆が入ったパック。

わかまつ農園

お菓子と暮らしの物りた —— p.100

農園で育てて摘んだ日日のびわ茶や、焙煎もしている食べる黒豆茶など、お店のメニューとしても提供している人気商品たち。

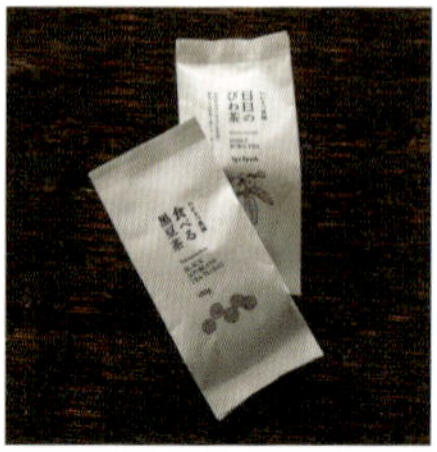

LATTE ART MANIA TOKYO —— p.32

どこまでもスタイリッシュに。モノトーンでまとめた店内とともに、コーヒー豆のパッケージも黒にこだわって。

周年記念

TRICHROMATIC COFFEE —— p.24

7の数字のキャンドルが灯るケーキを運ぶ男の子と女の子のかわいいイラスト入り、7周年記念の自家焙煎コーヒー豆パック。

FASHION

LATTE ART MANIA TOKYO —— p.32

白と黒のモノトーンTシャツ。ラテアートのハートの波紋を表したロゴマークがグラフィカルで目をひく。

JHONDEE COFFEE —— p.48

お店のロゴをシンプルにあしらったグレーと白のTシャツ。肉厚なしっかりとした生地を選んだのはユニフォームでもあるため。

Paston —— p.40

お店のキャラクター犬「パストン」の愛嬌ある仕草をプリントしたTシャツ。半袖と長袖があり、一年中これを着て仕事をしている。

＼ 周年記念 ／

KIJI CAFE —— p.56

キジ模様の手ぬぐいをあずま袋に仕立てたものとワッペン。ワッペンには人気メニューのバインミーも。オリジナルの雑貨類は、地元作家とのコラボで実現したものがほとんど。

BAG

ヴェルベコメ —— p.108

しっかりとした帆布生地に赤いデンマークの国旗のデザインがされた、おしゃれなトートバッグ。お弁当を入れるのにちょうど良いサイズ。

ZAKKA

喫茶れとろ —— p.84

手作業で作られた品質の高い日本製のコーヒー缶。かわいいピンク色の缶に描かれた女性の絵は、友人のイラストレーターによるもの。

京都府内で
開業したカフェ

グリーンあふれる オトナの 隠れ家カフェ

京都府木津川市
VERT DE GRIS PUMP

廃虚のポンプ小屋を
リノベーションしたカフェで
週2回だけの営業

店主・古川さんが考える

カフェをはじめるのに大切な3つのこと

1

自分がやりたいお店をイメージしておく

ボロボロのポンプ小屋を見て、今のお店の画《え》が目の前に浮かびました。「こういうお店をやりたい！」とずっと思い描いていたものと物件が合致したのです。イメージができていると、さまざまな選択の場での指針になります。

2

突き進むための強い思いと覚悟をもつ

廃墟のポンプ小屋を見つけたものの、不動産業者が管理している物件ではなかったので、使わせてもらえる状態に辿り着くまでが大変でした。壁にぶつかってもここでやりたい！ という強い思いと覚悟が必要だと思います。

3

人との出会いを大切にし、それをつなげていくこと

お店をはじめるまでにそれはもうたくさんの人に助けられたおかげで今があります。リニューアルオープンを考えたとき、店長を任せられる人は……と浮かんだのが、以前、私のお花の教室に通っていた北川でした。ご縁に感謝しています。

店主 古川さやかさん（右）
店長 北川美和さん（左）

Data

ヴェール デ グリ ポンプ
VERT DE GRIS PUMP

京都府木津川市市坂高座12-10
☎ 0774-71-3505
🕒 12：00〜17：00
㊡ 不定休
（前月に翌月のスケジュールを告知）

店内の中央にでんと構える真っ黒な巨大ポンプがトレードマーク。昔、水道局が使用していたポンプ小屋をリノベーションした、雑貨も販売するカフェ。営業日は基本、週に2日だが、月によって曜日が変更になったり、増えたりする。

開業日
2010年9月

開業までの期間
約2年

開業するまでの投資額　約800万円+α

店舗物件契約保証金、礼金、不動産手数料など	非公開
下水道工事費	約150万円
内装工事費	約350万円
什器、設備費など	約300万円

店舗規模
約50坪

席数
約17席

1日の平均客数
約20人

1日の売上目標
5万円

OPENまでの道のり

2005年
フローリストとして独立。花屋とカフェを一緒にした店をやりたいと考える。

2006年
畑の中にある小屋を借りて、フラワーレッスン、週末にはカフェを営業。

2008年10月
廃墟化した現在の物件を見つける。物件取得のために走り回る。

2009年8月
物件を取得。下水道を引くことからはじまり、大掛かりな店舗工事がはじまる。

2010年8月
工事終了。

2010年9月
知り合いを招待した1日限りのプレオープンを経て、花屋カフェ「VERT DE GRIS PUMP」オープン。

2020年6月
10年間続けた花屋カフェはコロナ禍もあり、今後の経営方針を考えるために一旦閉店する。

2022年6月
リニューアルオープン。

週2回の営業を楽しみにしてくださる人のため、心を込めたおもてなしでお出迎え

1.2 月ごとに内容が変わるお弁当ランチは、おかずの小鉢をカゴに入れ風呂敷で包んでテーブルに置く。3 お弁当セットに付くほうじ茶とミニケーキ。4 本日のケーキ。この日はチーズケーキ。

店主のこだわり

見た目も華やか！旬の食材をたっぷり使ったお弁当

お弁当ランチは黒米入りご飯、スープ、おかず7品、揚げ物1品、デザート、ドリンク付き。旬の素材を使うため内容は月替わりにしています。風呂敷に包んでテーブルにお出ししていますが、まずその包みに歓声があがり、包みをほどいてカゴのふたを開けたときに2度目の歓声があがります。

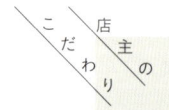

廃虚化したポンプ小屋を見事に変身させた

花を仕事にし、フローリストとして独立したときから、花屋とカフェを一緒にしたお店をもちたいと考えていた古川さん。それが現実味を帯びたのが今の店舗になっているポンプ小屋を見つけたときでした。

「基本的に何でも真新しいものより時間を経て味わいのあるものが好きです。お店をもつなら、築年数の経った古い物件を自分好みにしたいと考えていました。ボロボロのポンプ小屋を見つけた瞬間、コレだ！ コレしかない!! と思いました」

ほかの人にはちょっと恐ろしそうな廃虚にしか見えない建物が古川さんにはお城に見えたというわけです。すぐに所有者を探して借りたい旨を伝えようとしましたが、所有者不明の壁に突きあたります。調べに調べ、あちこち奔走し、やっと奈良市管轄のものと判明。

「ポンプ小屋の住所は京都府なのに奈良県との県境にあるため、奈良市の持ち物でした。それでいろいろな糸がこんがらがってややこしくなってしまったみたいです」

所有者がわかってホッとしたのも束の間、今度は借りることができないという壁が立ちはだかります。競売にかけて落札しないといけないというのです。

「もちろん、すぐにやる！ と言ったものの、手続きの多さに途中でくじけそうになりました」

そうしてようやく手に入れたポンプ小屋は、木津川の水を奈良へ送っていた巨大ポンプを活かしてリノベーション。古川さん念願の花屋カフェが誕生しました。順調に営業していたものの、次第に「花」と「人間」の温度差問題が発生。生の切り花は寒いところでの管理が必要ですが、その温度は人間には寒すぎました。

コロナ禍もあり、思い切って休業してお店の経営方針を見直すことに。２年後、生花販売はやめ、雑貨販売を兼ねたスタイルでリニューアルオープンしました。

5 黒々とした巨大ポンプに驚く人も多い。6 車の通りが多い道路から枕木の階段を上って緑の中に入って行った先にお店がある。階段の枕木は鉄道会社から不用品をもらい、自分たちで階段にした。

自然な風合いと経年変化を楽しむ ヴィンテージインテリア

什器は使い込まれた味わいが出た古材やアイアン素材のものを選びました。カフェスペースは仲間同士でゆったりくつろげるよう、テーブルとテーブルの間隔を広めにとっています。

このポンプを中心に店内のレイアウトを考えた。

テーブルやイス、棚などはすべてヴィンテージで揃えた。

四方を樹木に囲まれているため、どこの窓からもグリーンが見える。

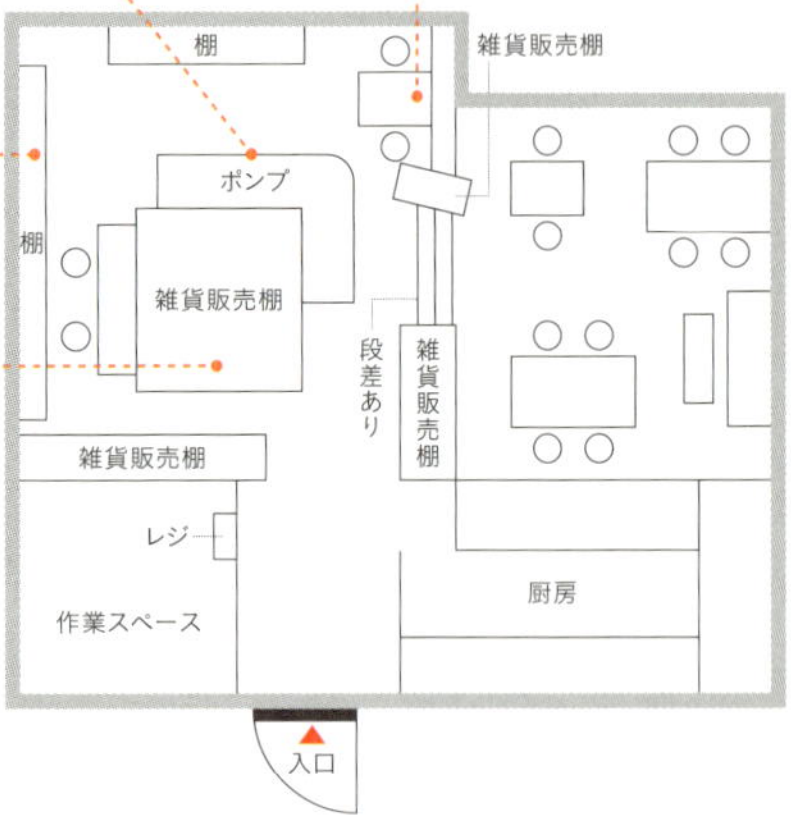

雑貨は食器とドライフラワーをメインに季節に合ったものをセレクト。

新緑の季節はテラス席が人気に。間近で樹木の息吹を感じられる。

1日の流れ

店長・北川美和さんの場合

- 6:00 起床後、朝食をとる。
- 8:30 家を出る。車で通勤。
- 9:00 お店に着く。仕込みスタート。
- 10:00 パートがひとり入る。掃除。
- 11:30 テーブルセッティング開始。お弁当を並べはじめる。
- 12:00 オープン。
- 14:00 ランチのお客が帰ると、ＳＮＳに席の空き情報を投稿。
- 17:00 クローズ。片付け。次の営業日のランチの予約確認。新しいメニューの考案や試作などは、オープン日とは別の日に行う。
- 19:00 帰宅し、夕食の準備。
- 24:00 就寝。

カフェをはじめる&
続けるための

Q&A

なぜ週2回の営業スタイルに？

カフェの経営者ではありますが、お花の教室とフラワーショップをメインで運営しているため、自分がカフェに立てるわけではありません。なので、店長の北川が無理なく営業できるペースに任せています。レッスンの生徒さんに楽しんでいただけるよう、レッスン日中心に営業日を設定し、ランチは予約制に。信頼して任せられるスタッフに、細く長く営業してもらえるペースの営業スタイルです。

営業日が少ないため、お弁当ランチは争奪戦。早々に予約が埋まることも多い。

今の物件、正確には共同保有者がいるとか……

このポンプ小屋でどうしてもお店をやりたかったのですが、ひとりでは手が届かない状況だったので、この物件を一緒に見つけた大工の友人とシェアして使うことにしました。建物自体と庭を半分にして入口を増設し、ふたりでシェアして使っています。店内のリノベーション工事も友人メインで自分たちも参加して行いました。廃墟からここまでに仕上げるのはとても大変でした。

入口の前は古材で床あげし、ヴィンテージの家具や雑貨で世界観を演出。

花屋カフェを開きたい人のため、花と人間の温度差って？

私は花の香りが感じられるのでフラワーキーパー（花を保管しておく冷蔵庫）に花を入れないスタイルが好きです。それでフラワーキーパーを使用せずに10年花屋カフェを営業しましたが、やはり人間と花の適温が違うため共存は難しい。今は生花の切り花は近隣の別店舗に置き、カフェにはドライフラワーやアートフラワーで空間を彩っています。

現在のカフェでは生花の取り扱いはなく、ドライフラワーの販売を。

お店の場所がわかりにくいのは不安ではなかった？

緑に覆われた高台にあって、道路からこのお店が見えないので、初めていらっしゃる方は本当によく迷われるみたいです。でも、私はこの緑に囲まれた環境もここに決めた理由のひとつ。緑の中を抜けてポツンとある古びたカフェなんて、絵本に出てくるみたいじゃないですか!? わかりにくいところにわざわざ来てくださるお客さまを大切にしたいと思いました。

緑のトンネルを抜けた先に見えるお店。

緑に囲まれた静謐な空間で
過ごす時間は
時の刻み方がゆっくりに感じられる

福岡県内で
開業したカフェ

生産者と“食”でつながるカフェ&直売所

福岡県糸島市
わかまつ農園
お菓子と暮らしの物 りた

自然と共存しながら収穫した作物を
自分たちの手で丁寧に調理、加工。
農園が営む新しいカフェの形

店主・若松さんが考える

カフェをはじめるのに大切な3つのこと

1

お客さまが求めるものを念頭に自分のやりたいことを考える

最初は自分が作りたいものばかり作っていて、うまくいかないときもありました。社会の動向や流行を分析し、「今、世の中やお客さまは何を求めているのか」をまず念頭において、その中から自分ができることを考えていく順序が大切だと思います。

2

続けていくことを見据え、準備のコストを下げる工夫を

壁の塗装は自分たちで行い、家具やエアコンなどの設備はネットや取り壊し物件から中古のものを探してコストを下げました。お店をはじめて利益を生み出すのは大変なこと。カフェを長く続けていくためにも開店前に苦労したほうがラクになると思います。

3

諦めなければ必ず方法はある！覚悟をもっていつも前向きに

コロナ禍で卸先がすべてストップしたとき、ピンチはチャンスと思って乗り越えてきました。農業も天候に左右されるなど思いどおりにいかないことも多いですが、まずは現状に満足して、覚悟をもって考え抜けば必ずいい答えが見つかると信じています。

店主
若松潤哉さん
若松由加利さん

Data

わかまつ農園

お菓子と暮らしの物 りた

福岡県糸島市二丈吉井3743-9
☎ 092-326-6101
🕘 10：00〜16：00（L.O.15：30）
㊡ 火曜

有機農法で栽培をする「わかまつ農園」が開いたカフェ。農園の作物や地元の新鮮な食材を使った料理が食べられ、店内の直売所では農作物の加工品も購入可能。2024年に移転オープン。2階にはゲストハウスを備える。

開業日
2024年10月

開業までの期間
約1年4カ月

開業するまでの投資額　約3300万円

建物新築・内装工事費用	約2500万円
什器、設備費	約500万円
運転資金	約300万円

店舗規模
50坪

席数
24席

1日の平均客数
約35名

1日の売上目標
7万円

店主のこだわり

生産から加工、販売まで手がけ、農園と地域の魅力を伝える

カフェでは農園で収穫した有機野菜や、魅力的な地元生産者から仕入れた食材を丁寧に調理しています。直売所コーナーには農園の野菜や果物、農作物を加工した暮らしのもの、お店で愛用の調味料などを陳列。「食」を通じて生産者とお客さまがつながる場になっています。

1 農家特製 季節の農園ピザは、有機全粒粉と天然酵母で作ったピザ生地に旬の野菜をトッピング。チーズなしでもアンチョビソースでコクがある。2 作業する場を固定せず、自由に使えるスペースが多いほうが厨房は使いやすいそう。3 自然光が心地よく、ゆったりとした席配置は子連れのお客にも好評。4 時期によって、収穫されたばかりの野菜や果物が並ぶことも。5 ふわふわのつぶつぶ糸島いちごロールケーキとオーガニックコーヒー。6 カフェ内にゲストハウスの玄関がある。7 糸チョコクランチはお土産にもぴったり。

2

1

OPENまでの道のり

2013年3月
福岡県糸島市に移住。1年間農業修業をする。

2014年11月
独立して農地を借り、農業をはじめ、販売もスタート。

2016年春頃
収穫した甘夏で加工品を作りはじめる。

2020年春頃
コロナ禍、知り合いの紹介で木材置き場だった建物と土地を購入。自分たちで改装する。

2021年8月
オープン。

2023年6月
ゲストハウスを備えた新店舗の構想を練りはじめる。

2024年1月
自宅跡の敷地に新店舗の新築工事がはじまる。

2024年8〜9月
建物の建築確認や各種許可の申請作業に予想外に時間がかかる。

2024年10月20日
旧店舗閉店。引っ越し作業。

2024年10月24日
リニューアルオープン。

どんな状況でも自立して生きていきたい

東京で航空整備士の仕事をしていた若松潤哉さんが、福岡県糸島市に移住したのは２０１３年のこと。

「東日本大震災を経験し、さらに自分が体調を崩したことが重なり、本当にやりたいことを考える機会がありました。その中で、どういう状況であっても自立した生き方をしたいという気持ちが強くなり、持続可能な農業をやろうと決意しました」

転勤族のお父さまの最終勤務地が福岡だった縁で、糸島市で農業修業を開始。翌年に独立して有機農法での多品目野菜や、果樹の生産を開始。ホテルや飲食店に卸す傍ら、収穫した甘夏の皮を使った精油や黒豆茶など加工品製造も行うように。しかし２０２０年に新型コロナウイルスが流行すると、卸先がすべてストップ。農作物を売る場所がなくなってしまいます。

「どこかに依存せず、自立して売

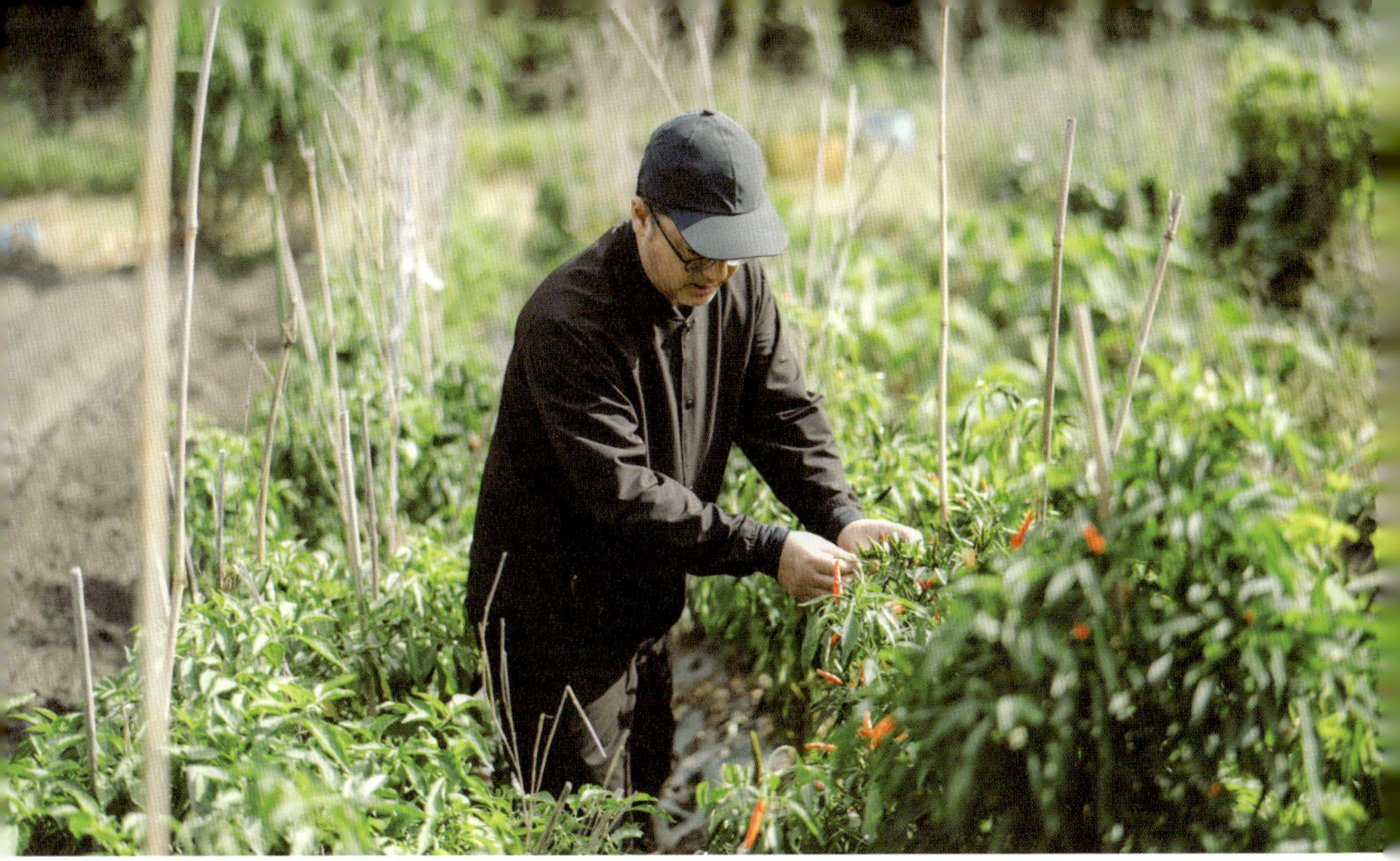

3

4

農園で穫れたての有機野菜、
地元産の牛乳や平飼いたまご
やさしい素材で作られた
料理やお菓子にほっとする

5

6

7

り先まで持ちたいと考え、当時受け取った補助金を使って、糸島市西部の町、福吉でカフェを開くことを決意しました」

2021年に無事オープン。お店では農園で収穫した野菜や地元産の新鮮な食材を使った料理が供され、作物を加工した暮らしのものも購入できます。

「自分たちで作ったものを直にお客さまに喜んでいただけた実感が何よりも嬉しかったです。信念のある地元生産者とのつながりも増えて、今度はもっとこの福吉の町の魅力を知ってほしいという思いが強くなりました」

2024年に、数軒先にあった自宅建物を取り壊し、1階がカフェ、2階がゲストハウスとなる建物を新築、移転しました。

「自然が美しい町の景色も望めるようになり、ゲストハウスも備えることでお客さまの滞在時間が延びてよりゆったりと糸島・福吉の豊かさを感じてもらえるようになりました。今後も人と人をつなぎ、地域の魅力を共有する場であり続けたいです」

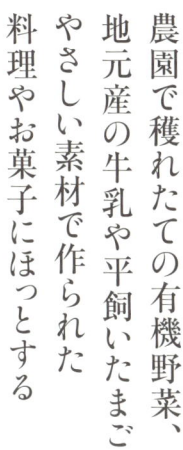

1階がカフェで2階はゲストハウス。手作りで温かみのある空間

自作のテーブルや自ら塗装したカウンターや壁は、どれも手作りの温かみが感じられるように仕上げました。厨房スペースはコンパクトながら、どこに立っても作業しやすい動線です。

瞬間冷凍機でピザ生地や果物をおいしく冷凍保存。ロスを減らせる。

2階のゲストハウスはドミトリータイプの部屋になっている。

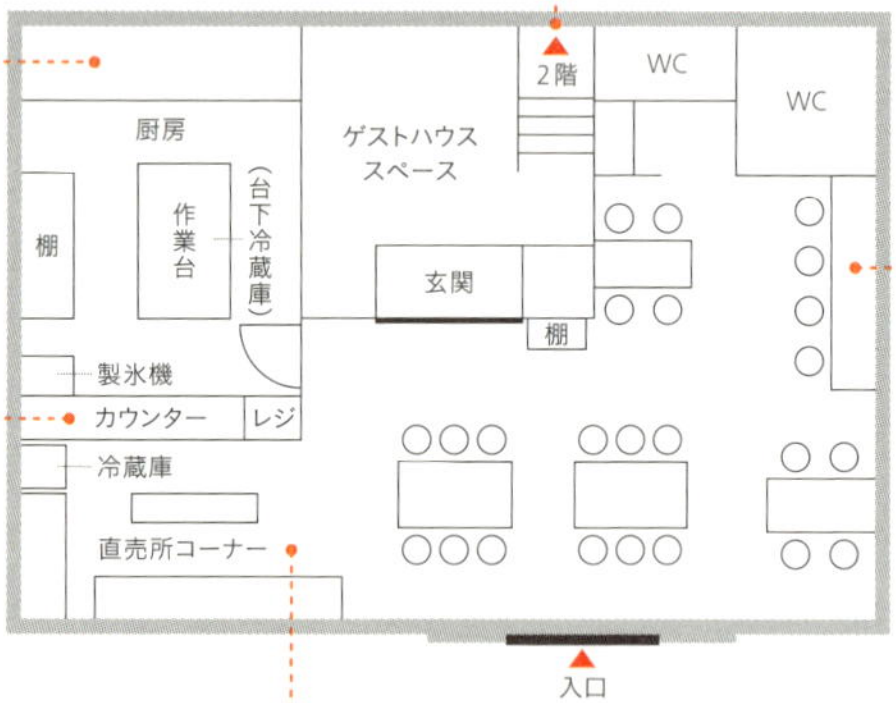

板を購入して自作し、塗装したテーブル。

レジカウンターから近く、動線の良い厨房。

直売所コーナーには農作物を加工した暮らしのものが並ぶ。

1日の流れ

7:00 起床後、朝食をとる。

8:00 4人の子どもたちを順に学校に送り出す。

9:00 お店に出勤。掃除、仕込み、開店準備をする。

10:00 オープン。空いている時間にオンラインストアの発送やメールの返信作業をする。

14:00 まかない（主にピザ）を作り、スタッフとお昼ごはん。空いている時間に加工品製造や発注管理作業をする。

16:00 クローズ。片付けをする。

17:30 帰宅。

19:00 夕食。オンラインストアの作業をすることもある。

22:00 就寝。

カフェをはじめる＆
続けるための

Q＆A

開業資金で工夫したことを教えてください

開業資金は主に日本政策金融公庫と自己資金をもとに調達し、補助金申請も利用しました。資金を使うときに気をつけたのは、「丸投げ」しないこと。設計や内装、各種申請、ホームページ作りなど、それぞれの専門家にすべてお任せすると莫大な金額になります。一部分でも自分たちができることを見つけて、その分価格交渉をするとコストカットしていけると思います。

ビスの穴をパテで埋めて平面にし、軽量モルタルで自分たちで塗った壁。

カフェをはじめる前に何か勉強はされましたか？

商工会や農業普及指導センターが年に数回行っている専門家派遣を利用して社労士さんや税理士さんに来ていただき、経営面のことを勉強しました。商工会は、ほかにも商品開発や補助金の事業計画書の書き方、ブランド化のことなど多くの情報を持っているので利用しないのはもったいない！「今、こういうことが知りたいです」と自分から積極的に聞くのがポイントです。

2階にあるリネン庫兼オフィスでデスクワークをすることも。

農作物を加工した暮らしのものはどのように作られていますか？

甘夏の精油は、甘夏の皮を蒸溜してお店で作っています。その精油を、無添加で化粧品製造をしているメーカーに持ち込んで洗剤やアロマミストに商品化してもらっています。店頭やイベントでの販売のほか、楽天市場とオーガニック専門のサイトに出店をして販売しています。その他、黒豆茶、はちみつなどもオリジナルで作っています。

大量の甘夏の使い道を考えた末に思いついた精油は根強い人気がある。

有機農法で栽培している農園のことを教えてください

車で10分圏内のところにいくつか農地を借り、農業担当者1名を採用して夏野菜を中心の多品目野菜と果樹を生産しています。近隣の牧場からいただく牛糞、漁師さんからいただく蠣殻などを肥料にしているんですよ。地域内で循環して持続可能な農業ができれば何があっても怖くない。そんな地域で自立していける仕組み作りを目指しています。

農業は苦労も多いが、自分たちのペースで収穫できる良さもあるそう。

人と人をつなぎ、
地域の魅力を共有する場であり続けたい

チャレンジショップに挑戦！

ヴェルベコメ

本格的な開業を前に、サポートを受けながら一定期間試験的な開業ができるチャレンジショップ。ここで1年間、カフェ「ヴェルベコメ」を営業した加地さんにお話をうかがいました。

店主 加地泰子さん

中学から短大までデンマーク体操を取り入れている自由学園で学んだことをきっかけにデンマークに興味を持ち、短大卒業後にデンマークに留学。帰国後、母校に就職。公私に渡ってデンマークとの交流が続く中、カフェを開きたいと考えるようになる。

専門家の指導を受けながらカフェ経営ができる

カフェを開くことは「定年後の夢」くらいに考えていました。でも、あるときから「人生は一度きりなんだから、やりたいことを今やろう！」と思うになったのです。とは言うものの、お店を経営したことのない私がいきなり店舗は構えるのはリスクが高すぎると思い、まずはデンマークのお菓子を作ってネット販売をすることにしました。

それが軌道に乗り、次の一歩を考えているとき、チャレンジショップ「創の実」の募集広告を見つけたのです。開業のさまざまなサポートを受けながら、期間限定ではあるものの自分のお店がもてる！　しかも人気エリアの東京・吉祥寺に!!　私にとっては夢のようなお話です。現地で説明会が開催されると知り、すぐに申し込みました。オンラインでの参加も可能でしたが、聞きたいことがたくさんあって事務局のかたと直接話をしたかったので、吉祥寺に向かいました。

そこから約4カ月後、審査に合格し、さらに2カ月後には「創の実」でチャレンジショップの「ヴェルベコメ」をオープンしました。オープンまでも、それ以降の営業期間中も税理士、マーチャンダイジングやコンサルタントなど専門家の指導を定期的に受けられるので、とても心強かった。契約期間の1年間、ビジネスに関して完全な素人の私がスムーズに店舗経営ができたのは、この指導のおかげです。

チャレンジショップが終了し、お店を経営することの難しさを痛感したものの、それ以上に、カフェの仕事は楽しい、やっぱり自分のお店をもちたい、と強く思うようになりました。

チャレンジショップとは？

宮地さんが利用したのは公益財団法人東京都中小企業振興公社が実施する「若手・女性リーダー応援プログラム」の一環で、都内商店街で開業を目指す人が独立開業に向けてサポートを受けながら、期間限定でお店を開業できるチャレンジショップという制度。主な申し込み資格は以下の要件をすべて満たす人。

- **都内に在住し、都内の商店街で開業を目指している。**
- **成人女性または39歳以下の成人男性。**
- **店舗を持った経験のない個人または個人事業主。**

書類審査（一次）と面接審査（二次）を通ると、東京都チャレンジショップ「創の実」（自由が丘、吉祥寺）に、月額3万6300円（消費税含む）の利用料で出店することができる。

ほかの自治体でも同じような制度を設けているところが多い。「チャレンジショップ」で検索してみよう。

※2024年12月現在の情報です。

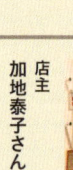

店主・加地さんが考える

チャレンジショップの良いところ

同じ建物内に仲間がいるので心強い

「創の実」チャレンジショップの建物には3つのお店（1スペースあたり13.6平米）が同時に開業します。ほか2店の店主は業種は違いますが、初めてお店を構える同志です。すぐ近くに同志がいるのはとても心強く、支えになりました。

1カ月3万6300円で吉祥寺にお店を持てる

私が出店したチャレンジショップは、東京・吉祥寺駅からほど近い場所にありました。吉祥寺は今大人気のエリアで、賃貸料は高騰しています。そんな地域に1カ月3万6300円（別途商店会費、水道光熱費）でお店をもてるなんて夢のようでした。

本格開業までのサポートを受けられる

事業計画書の書き方や資金調達、物件の選定など、チャレンジショップが終わって本格開業するまでに必要なことについても、相談にのってもらえます。ほかにも公社が開催する開業のためのさまざまなメニューを利用することができます。

専門家からアドバイスを受けられる

出店中は定期的にお店のレイアウトやディスプレイ、売上管理など店舗運営について専門家からアドバイスを受けられます。お客さまが少ないときはどんなことをすればいいのかなど、困ったことが起きると、その都度相談にのってもらいました。

加地さんが2023年12月～2024年11月までにヴェルベコメを営業した「創の実」吉祥寺。

チャレンジショップ OPEN→CLOSEまでの道のり

2021年4月
デンマークのお菓子を手作りし、「ヴェルベコメ」という店名でオンラインショップをスタート。

2021年5月
東京・府中で開催されたマルシェに出店し、手作りのデンマークお菓子を販売すると完売に。手応えを感じる。

2022年～
東京・立川で開催される北欧マルシェに定期的に出店する。

2023年6月
インスタグラムで見つけた東京都チャレンジショップ「創の実」の説明会に参加する。説明会が終わるとその日のうちにプランコンサルティングのセミナーに申し込む。

2023年7月～
プランコンサルティングのセミナーを計5回受講する。

2023年9月
東京都チャレンジショップ「創の実 吉祥寺」への出店希望のため、一次審査の書類を提出。約2週間後に合格の知らせが届く。

2023年10月
二次審査の面接試験を受ける。約2週間後に合格の知らせが届く。すぐにメニュー構成を考えたり、デンマーク雑貨を揃えたりして、お店オープンの準備をスタート。

2023年12月
「創の実 吉祥寺」でチャレンジショップのヴェルベコメをオープン。

2024年11月
契約期間が終了し、「創の実 吉祥寺」でのヴェルベコメをクローズ。ヴェルベコメの店舗を構えるため、物件探しをはじめる。

チャレンジショップのヴェルベコメはこんなお店でした！

デンマークの食べ物だけでなく、さまざまな情報を発信する場

「創の実」吉祥寺には、3店のチャレンジショップが入っていて、ヴェルベコメはその1ペース（13.6平米）にお店を構えました。厨房が狭く、備え付けの厨房機器も決まっていたので、パンやお菓子などは別の場所で作り、ここでは温めるだけに。店内ではデンマークにまつわる雑貨の販売を行い、イベントやワークショップも開催したりして、デンマーク好きの人が集まるようになりました。

デンマークに関するイベントなどを紹介するインフォメーションコーナー。

冷蔵庫、電子レンジ、湯沸かし器は備え付け。熱源はIHコンロを持ち込んだ。

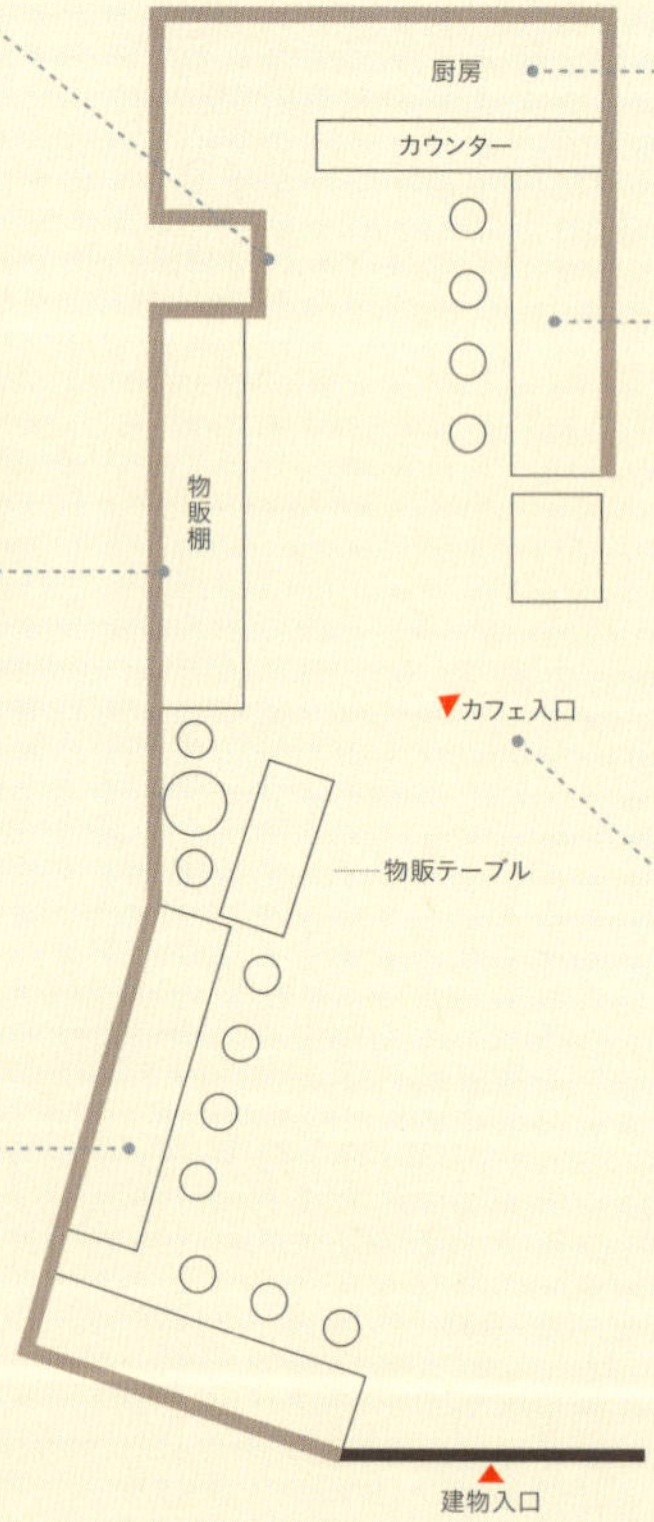

備え付けのテーブルとイスの前には世界地図を貼ってデンマークの位置を明示。

デンマークで買い付けた食器や小物、自家製デンマークスイーツのほか、ハンドメイド作家の作品も。

3店舗の共有スペースは使い方を話し合いで決める。ヴェルベコメの客席を設けることができた。

建物の中にあるカフェ入口には扉がなく、ほかの2店から入りやすいつくりに。

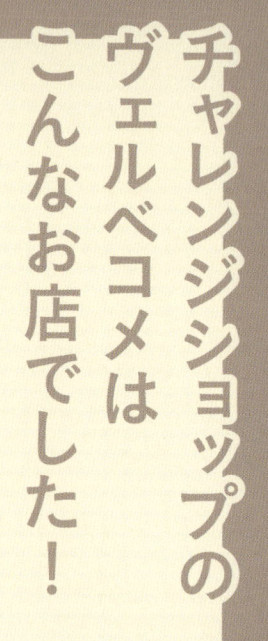

店主手描きの
イラストで表現する
楽しいメニューブック

1 ランチメニューのオープンサンドプレート。自家製ライ麦パンにはニシンのマリネ、全粒粉自家製パンにはミートボールなどをのせたデンマーク料理の定番。2 デンマークでは食事にもおやつにもなるクラッカーのようなパン、自家製クリスプブレッド。3 デンマークの伝統菓子であるドリームケーキも自家製。4 ひとりでお店をまわすため、メニューの数はかなり絞った。5 デンマークの国旗が店内のあちらこちらにあって、デンマークに関係するお店というのがわかりやすい。6 お店の入口にメニュー一覧のブラックボードと本日のランチのイラストメニューを置いてアピール。

2

3

4

5

6

1

チャレンジショップ終了のカウントダウン

豆の保存、焙煎業者、カップとの相性

味と香りが生命線のコーヒー。それをキープするための豆の保存の仕方、いい焙煎業者の選び方、そしてカップとの関係についてのお話です。

密封した状態で冷蔵庫か冷凍庫で保存

コーヒー豆は、時間が経つにしたがって酸化し、風味が落ちてしまいます。新鮮なうちにお客に出すのがベストですが、お店として仕入れの量の問題もあるので、そうもいかないのが現実。しっかりした保存方法でおいしさをキープしなければいけません。そのためには、豆や粉は空気に触れないように密封した状態で小分けにして、冷蔵庫か冷凍庫に入れておきましょう。

おいしく飲める期間の目安

	常温	冷蔵庫
豆の状態	約2週間	約45日
粉の状態	約1週間	約30日

提案やアドバイスを積極的に行ってくれる業者を選ぶ

コーヒーにこだわる人は自家焙煎のお店を考えます。焙煎機導入により初期投資やランニングコストがかなりかかり、煙対策も必要になりますが、自分で焙煎したコーヒー豆を販売できるメリットもあります。焙煎した豆を仕入れるなら焙煎業者を選ぶこと。焙煎業者を選ぶポイントは右の5つ。とにかく多くの業者に会い、そこのコーヒーを飲んでみること。自分がどんな味のコーヒーを求めているかを明確に伝えることも大切です。

焙煎業者選びのポイント

1. お店のコンセプトに合った豆を提供できるか
2. 抽出器具のことがきちんとわかっているか
3. 新鮮な豆を納入してくれるか
4. メニューを一緒に開発してくれるか
5. いろいろな提案やアドバイスをしてくれるか

カップの厚みがコーヒーの味に関係する

ほとんどのカフェでは、ブレンドコーヒーとカフェラテのカップが違いますよね。これにはしっかりとした理由があるのです。カップの厚みによってコーヒーの温度の保たれ方が異なり、それにより味も変化してくるからです。カップは見かけの善し悪しばかりを気にするのではなく、コーヒーの味をも左右することを知ったうえで、お店に合う内容量のものをチョイスしましょう。

コーヒーの味とカップの厚みの関係

カップの厚み	コーヒーの味の伝わり方	合うコーヒーの種類
薄い	コーヒーの味は伝わりやすいが、カップ内の温度が下がりやすいため、味の変化が早い。	ストレート ブレンド アメリカン
厚い	カップ内の温度が保たれやすく、長時間経っても味の変化が少ない。	カフェラテ エスプレッソ カプチーノ

カフェをはじめるための ステップ18

どんなコンセプトのお店にする？
お店を出す場所は？ 内装は？ メニューの構成は？
カフェをはじめるためには、具体的な準備がいっぱい。
開業までをカウントダウンしながら、
必要な準備を18のステップに分けて、わかりやすく紹介します。

CHAPTER.2

カフェオープンまでの主な流れ

※あくまでも一例です。各項目に期間と順番を明記していますが、そのときの状況に応じて変化する場合もあります。

1年以上前〜

1 どんなカフェにするか店のコンセプトを決める

カフェをはじめたい理由を明確にしたり、「6W2H」を考えて、自分がやりたいカフェ像を具体的にイメージしていきます。

2 「こだわりどころ」を考えて店のスタイルを決める

自分の「好き」や「得意」なことを突き詰めていくと、そのポイントが見えるはず。

6カ月前〜

3 カフェの看板となる主力のメニューを考える

この時期に決めておけば、オープンまでに試作を繰り返すこともできます。

4 物件を探す❶ 自分のカフェのコンセプトに合う立地を選んで市場調査

まずは、どこにするかを決めるため、候補の街について調べます。

5 物件を探す❷ 最終決定までは慎重に。交渉や細かいチェックも必要

物件探しは焦らず、慌てないこと。多大なお金を要するだけに、何事も慎重に。

4カ月前〜

6 店舗工事の基本的な流れを把握しておく

店舗工事を依頼する前に、ざっとその流れを把握しておくこと。

3カ月前〜

7 内装工事に関わる設備や備品を書き出してみる

今のうちにこの作業をしておくと、工事業者との打ち合わせもスムーズに。

8 頭の中のイメージを絵や図面にして具体化する

設備や備品を落とし込んだ図面を描きます。

9 動きやすさを第一に。作業動線の良いレイアウトを

「作業動線の良いお店は繁盛する」と言い切ってもいいほど、レイアウトは重要なポイントです。

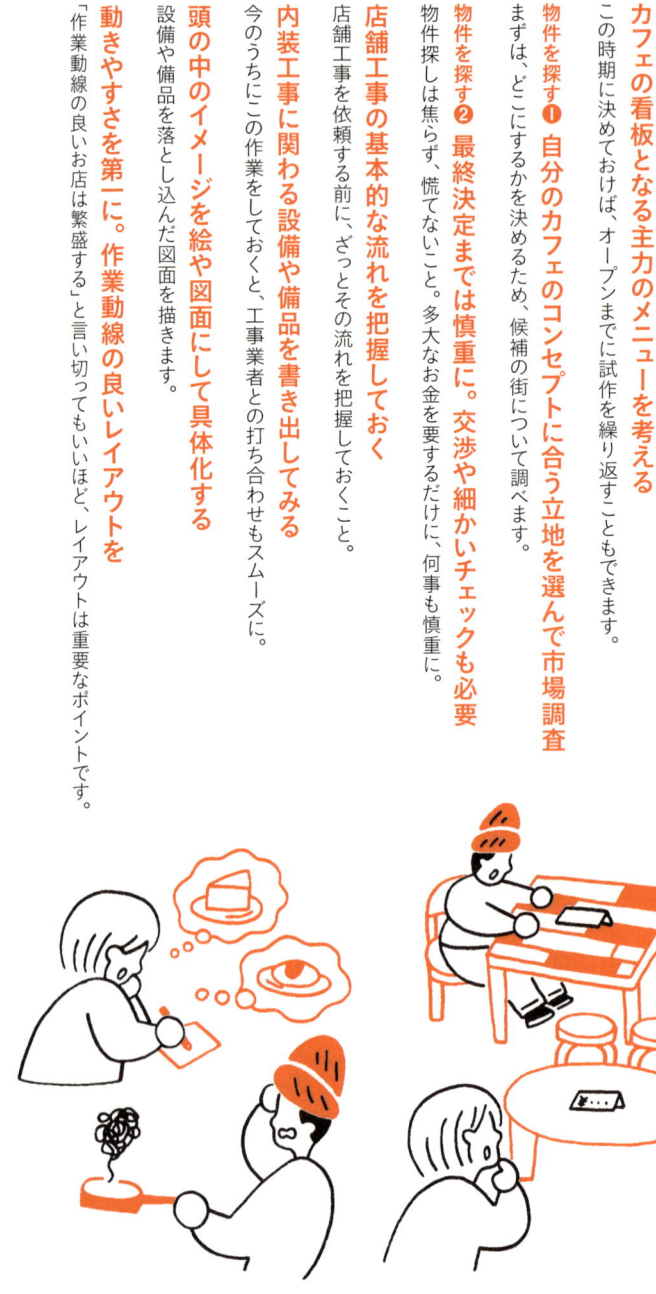

3カ月前〜

10 設計・施工は飲食店工事経験がある業者に

店舗工事をお願いする業者を探します。

11 見積もりは何社か比較するのがベスト。追加工事も念頭に

この業者に！と気持ちは固まっていたとしても、見積もりは数社からとりましょう。

1カ月前〜

12 すでにリストアップしている什器や備品を揃える

店舗工事を進めながら、並行して什器や備品の用意もします。

13 コーヒー豆や食材などの仕入れ業者を探す

知り合いや取引業者に紹介してもらったり、インターネットで探すなどして仕入れ先を決めます。

14 店名を決めて、看板やメニューブックなどを作る

店名を入れた看板やメニューブック、ショップカードを作らなければいけない時期。

15 開業に必要な資格取得と営業許可の申請をする

これを忘れたら、お店をオープンできません！必ず開業日に間に合うよう、余裕を持って申し込んでおきましょう。

16 店の広さ、メニューの内容からスタッフの人数を決める

ひとりでやる！と決めている人はいいですが、そうでない人はスタッフの募集をはじめます。

1週間前〜

17 万が一に備えて保険に加入するのを忘れない

店舗に関する保険にはさまざまなタイプがあるので、保険会社・内容をよく比較検討して。

18 シミュレーションを重ねて完璧な状態で開店に臨もう！

いよいよ開店までのカウントダウン！調理や接客のシミュレーションをして万全な準備を。

STEP 1

どんなカフェにするか店のコンセプトを決める

自分がやりたいカフェを具体的にイメージしてみよう

あなたがカフェをはじめたいと思う本当の理由は何ですか？

この答えを明確にすることで、漠然とした考えが具体性をもってくるはずです。そしてそれが、お店のコンセプトにつながってくるのです。

コンセプトはテーマや方向性と言ってもいいですが、難しく考える必要はありません。まずは「女性がひとりでも気軽に入れるお店がいいな」「コーヒー豆を自家焙煎したい」「自慢のシフォンケーキを食べてもらいたい」というような、自分が「やってみたいカフェ」を思い浮かべることからスタートしてみましょう。あまりイメージがわかないという人は、左ページの「6W2H」の一つひとつに、自分の気持ちを当てはめてみてください。より具体的に自分がやりたいカフェ像が見えてくるはずです。そうすると、自分の意志も一層強くなり、夢実現へ向けてのエネルギーにもなるのです。

先輩店主のコンセプトの決め方

「JHONDEE COFFEE」(p.48) 佐藤光太郎さんの場合

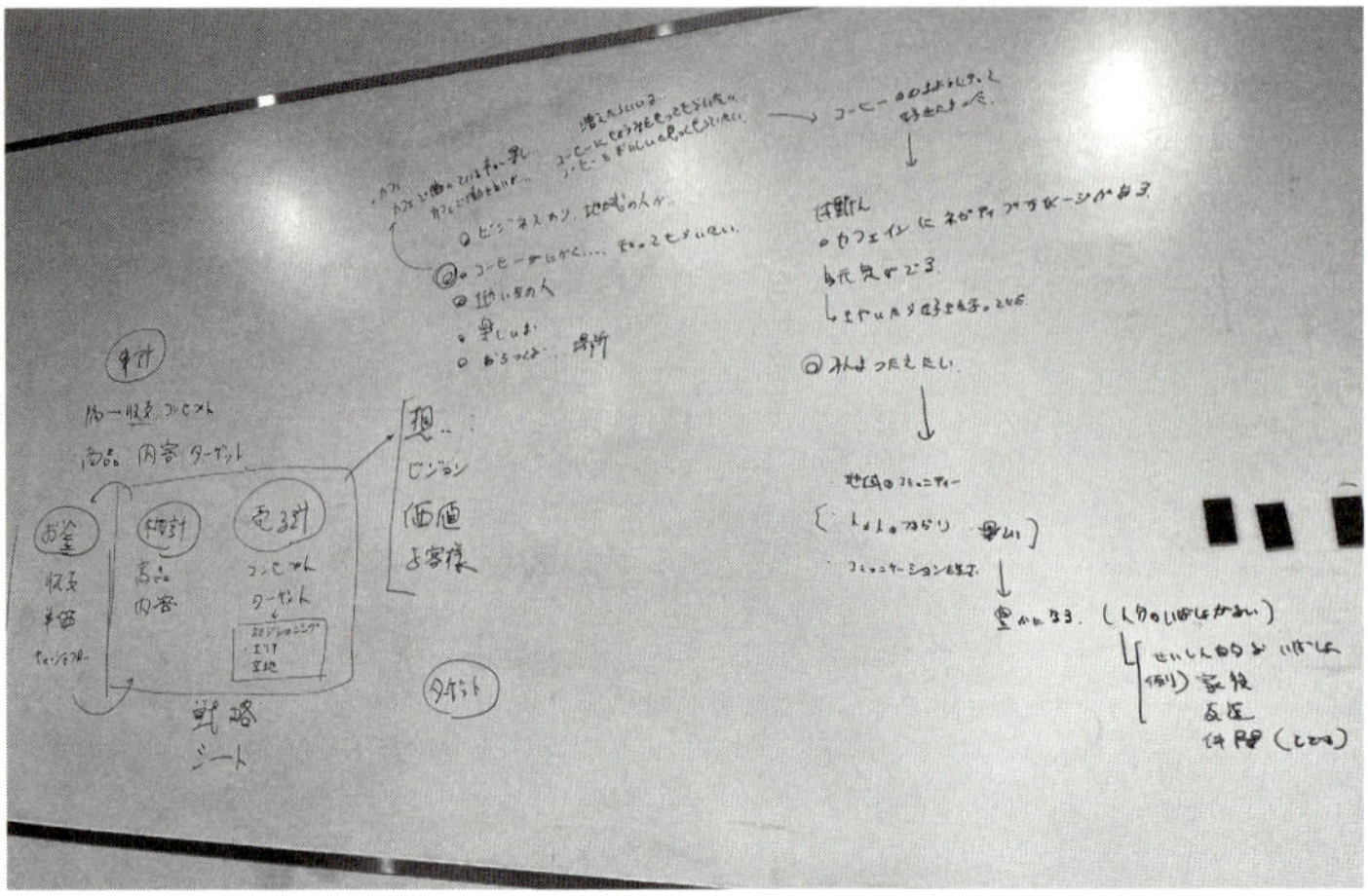

店舗のデザインをお願いしたデザイナーとの打ち合わせで、お店をはじめたい理由、規模感、メニュー構成、客層など、どんなお店にしたいか思いついたことをどんどんホワイトボードに書いていった。さまざまな思いを文字に起こし、俯瞰して見ていく中で、コンセプトが明確になっていった。

コンセプトを決めるのに役立つ6W2H

Who?

自分ひとりで？
誰かと一緒に？

自分ひとりだけでやるか、それとも共同経営者としてのパートナーや手伝ってくれる人を持つかを考えます。複数の人とはじめる場合は、事前に役割分担をしっかりと決めておきます。

Where?

どんな街や場所で？

どの街のどんな場所でカフェをはじめたいのかを考えてみましょう。物件を探すときのポイントにもなります。

When?

いつからはじめたい？

「いつかは！」と思っていても、夢はなかなかかないません。いつからはじめるか、日にちを具体的にすると、開業プランも現実味を帯びてきます。

Why?

なぜ、カフェを
はじめる？

なぜ、カフェをはじめたいのか。その理由をはっきりさせておきましょう。その気持ちを明確にし、強くしておけば、困難にぶつかったときでも乗り越えられるはずです。

Whom?

どんな人たちに
来てほしい？

「女性がひとりでも気軽に入ってほしい」「家族連れが楽しめるお店に」など、来てほしい客層を絞ります。すると、お店の雰囲気もおのずと決まってきます。

What?

何をメニューにする？

コーヒーにとことんこだわるお店もあれば、手作りスイーツが自慢のお店もあります。自分のお店では何を看板メニューにするかを考えます。次のSTEP2の「こだわりどころ」にもつながります。

How much?

開業資金は？

どんな場所で、どれくらいの規模ではじめるかによって随分異なりますが、やはり重要なのが開業資金です。自己資金だけでまかなうのが理想ですが、足りない場合は借り入れが必要。それをどう調達するかを現実的に考えることが大切です。

How to?

どんなふうに
やっていく？

隠れ家的なこぢんまりとしたお店、アメリカンテイストのダイナーカフェみたいに……など、お店をどんなふうにやりたいかを考えます。「What」とも関係し、やはり次のSTEP2にもつながります。

STEP 2

「こだわりどころ」を考えて店のスタイルを決める

自分の「好き」や「得意」なことからポイントが見えてくる

コンセプトを踏まえたうえで、魅力あるカフェにするには、お店の「こだわりどころ」を考えることが必要です。たくさんあるカフェの中から、あなたのお店を選んでもらうには、ここが最も重要なポイントになります。

まずは、自分の好きなこと、得意なことを考えてみましょう。「とにかくコーヒーが好きで、おいしいと聞きつけたところから取り寄せている」「ケーキ作りが得意」「昔ながらの日本の建築物が好き」……。こうして自分自身のことを見つめ直していくと、「こだわりたいポイント」が見えてきませんか？ 雑貨や食器集めが好きなら、店内の一角に雑貨や食器の物販コーナーを設けてもいいし、実際にお客に提供する料理の器として使うことも。好きなことをお店の個性として生かすこともできるのです。

左ページの例をヒントに、自分らしい個性が光るお店づくりを考えましょう。

「こだわりどころ」はどこにする？

スイーツ？

コーヒーや紅茶のベストパートナーともいえるスイーツ。スイーツが人気だと女性客が多くなって繁盛するともいわれています。たくさんの種類を用意して、選べる楽しみをつくるのもひとつの方法です。今までにない新しいケーキを作れば、話題になって集客アップも見込めます。

ドリンク？

カフェといえば、真っ先に浮かぶのがコーヒー。お店のオリジナルブレンドを作ったり、自家焙煎したり。コーヒー器具にしてもネルドリップやサイフォンなど、こだわりどころはたくさん。お店のコンセプトに合わせて、紅茶や中国茶、日本茶などのドリンクに特化するスタイルも。

物件？インテリア？

古民家や町家などの物件や、北欧や東南アジアなどのインテリアに凝った内装など、いわゆる見た目のスタイルにこだわりがあると、初めてお店の前を通る人にも興味をもってもらえるはず。こういう外側の形が決まるとメニューも自然と絞られてくるものです。

料理？

「所詮、カフェ飯……」なんて言わせない、本格的な料理を売りのメニューにします。ランチやディナーのメニューの数、質ともに充実させ、料理の味でお客を引きつけます。

明確な「こだわりどころ」が見えるカフェスタイルの例

1 和テイストのカフェ

古い民家を改装するなどした
落ち着いた空間

築何十年もの古い民家などの物件を再利用して、和の雰囲気にまとめたカフェ。自宅にいるような空間を演出し、ほっとする気持ちにさせます。

2 移動カフェ

ワンボックスカーで
いろいろな場所に出現

ワンボックスカーでイベント会場や公園などいろいろな場所へ出掛けて営業します。店舗を構えないので、家賃がかからない分リスクが少なくて済みます。

3 自家焙煎コーヒーのカフェ

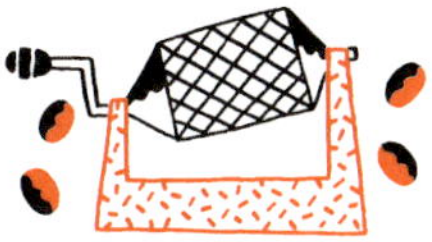

“おいしいコーヒー”に
とことんこだわる

コーヒー豆を自分のお店で焙煎から行うカフェ。「ちょっとひと休み」より「本格的なおいしいコーヒーを飲みたい」というお客も集まります。

4 ドッグカフェ

愛犬と一緒に来店できる店。
犬専用メニューも

犬の散歩の途中にカフェに入る人も集客できます。犬専用メニューの用意もしましょう。店に動物がいて触ったりできる「動物カフェ」もあります。

5 ベーカリーカフェ

コーヒーと好相性の
焼きたてパンを一緒に

焼きたてのパンをイートインできるように、パン屋さんがカフェを併設したり、カフェ主体でパンを手作りして看板商品にするスタイルのお店です。

6 雑貨カフェ

店内の一角で、手作りや
世界各国の雑貨を販売

お店のコンセプトに合った雑貨も販売するカフェ。店内で販売している食器をカフェで使用し、その使い心地をお客に試してもらい、購買につなげることも。

7 スポーツカフェ

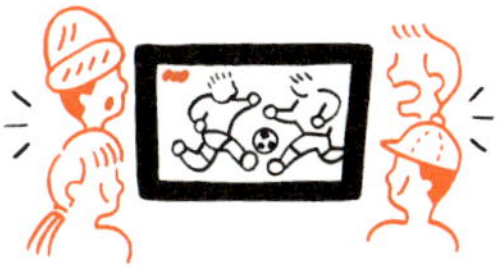

同じ趣味の人が集まって
わいわい楽しめる

大型スクリーンなどが用意されていて、みんなでスポーツ観戦ができるカフェ。同じ趣味の人が集まるのでわいわい楽しい雰囲気になり、店全体が盛り上がります。

8 ブックカフェ

オーナーの嗜好が反映される
本揃え。飲食できる図書館

店内にたくさんの本を用意し、自由に読むことができるカフェ。どんな本を揃えるかでそのカフェの雰囲気も決まります。オーナーの嗜好が反映されます。

9 スイーツが自慢のカフェ

オリジナルの
手作りスイーツで勝負

オリジナル性の高いスイーツがひとつあれば、それだけでカフェの“売り”になります。スイーツが評判になると、女性客も多くなります。

STEP 3

カフェの看板となる主力のメニューを考える

メニューを決めるとカフェの全体像が見えてくる

　カフェをオープンするためには、やるべきことがたくさんあります。オープン間近になればなるほど、あれもこれも……と、どんどん忙しくなります。そうなる前に、じっくりと時間をかけて考えておきたいのが、カフェの看板となる主力のメニューです。今のうちから考えてメニューを決めていれば、オープンまでに納得がいくまで試作を重ねることもできます。

　決めた自分のカフェのコンセプトに沿って、下記の４つをヒントにメニューを決めていきましょう。「喫茶れとろ」（84ページ）の足立さんの場合は、店名から連想する〝懐かしさ〟から、昔よくこの地域で食べられていた「鉄板ナポリタン」を忠実に再現して、食事メニューの主役に置いたそうです。

　メニューが決まれば、厨房に必要な設備や什器もおのずと決まってきます。また、食材や食器も想定できて、購入先や仕入れ業者の選定も可能になるのです。

メニューを考えるために役立つ4つのヒント

1 外食したものをメモしておく。良い点ばかりでなく、悪かった点も記録する。可能な限りスマートフォンやデジタルカメラなどで撮影をしておき、ビジュアルもわかるように

2 自分の好き嫌いにとらわれずに、気になったものは何でも食べてみる。そして作ってみて、改善点などを探るようにする

3 インターネットや雑誌、デパ地下の食品売り場などで、流行の食材や料理をチェックする

4 料理は見た目もとても重要。食べ物の色彩について勉強する

看板メニューはこうして考えました

冷凍いちごピュレを もっと活用したい! から生まれた 「糸島いちごのスムージー」

オープン当初から作っていた「つぶつぶ糸島いちごロールケーキ」(p.103)のクリームは、自家製の冷凍いちごピュレを練り込んで作っていました。このピュレは、糸島産いちごを旬の時期に大量に仕入れ、低温オーブンで水分を飛ばしてつぶし、瞬間冷凍していました。冷凍ピュレは保存性も良く、もっと活用したいと考え、生まれたのが「糸島いちごのスムージー」。冷凍いちごピュレ、冷凍いちご、自家製ガムシロップを攪拌して作ります。一年中いちごを楽しめるこのスムージーは瞬く間にお店の人気メニューに。フレッシュな味わいが好評です。

「わかまつ農園 お菓子と暮らしの物 りた」(p.100)
若松潤哉さん

旬のいちごの濃い味がそのままスムージーに。色も鮮やかで子どもにも喜ばれている。

メニューを決める手順

1 コンセプトに沿って、どんなメニューをお客に出したいのかを考える

2 コストなども考えながら絞り込んでいく

3 周りの人に味見をしてもらい、お店に出せる「商品」か、検討する

4 自信のあるメニューを決め、レシピを完成させる

STEP
4

自分のカフェのコンセプトに合う立地を選んで市場調査

自分の足で歩いて街を知り尽くす

お店の立地は、お客を呼ぶための重要なポイント。自分の足で歩き、街を知り尽くすことからはじめましょう。

ここで一番大切なのが、どんな人たちが住んでいる&集まる場所なのかということ。客層を絞ったコンセプトの明確なお店ほど、これを重要視しなければなりません。

集客の期待できる場所が理想ですが、そういう場所は賃料も保証金も高額。個人で経営する場合、物件取得の莫大な初期投資は大きな負担になります。一等地や人気エリアにあまり縛られず、街の雰囲気が良ければ候補地として、じっくり検討すること。賃料が安い少し不便な場所を選び「わざわざ探して来てくれるお客で十分」という考え方もあります。

左ページで立地に関する10項目のチェックポイントを挙げました。その立地をよく知るためのデータ的な目安として、比較検討するときの材料として役立ててください。

立地によって特徴はさまざま

住宅街

居住者がコアターゲット
主婦層の需要が高い

近隣住民の年代構成、ライフスタイルを考慮する必要があります。主婦層を狙って、ティータイムのメニューを充実させましょう。

商店街

人通りも多く
個人店としては最適

繁華街なら休日には通行量が増え、付加価値のあるお店を求められます。最近は衰退気味の商店街もあるので注意。

駅前

幅広い客層で集客力も高い
ただ、家賃も高額

無条件に人が集まる場所なので、立地条件としては最高です。その分、家賃も高くなります。

海・山のそば

足を運んでもらえる
味とサービスで勝負

シーズンによって売上の幅が大きくなりがちです。オフシーズンでも来てもらえるような明確なコンセプトのある店づくりが必要。

郊外・街道沿い

車での来客が多いので
駐車場が必要

ファミリー層に向けて、食事メニューの充実が必要です。車で来店する人がほとんどなので、駐車場を確保しておきましょう。

オフィス街

ウィークデーの営業で
ランチを狙う

ビジネスパーソンがターゲットなので、平日のランチメニューを充実させます。土日の集客は見込めないので、定休日にしても。

立地に関する10のチェックポイント

1 近くに駅やバスターミナルがある？

急行・特急が停まる？ 乗り換え駅？ 通勤・通学の人が多い？ 平日と土日の客層差も確認しておきましょう。

2 どんな人たちが歩いている？

学生？ 女性同士？ ファミリー？ 高齢者？ 主婦？ など、そのエリアを歩く人たちの層をチェックしましょう。

3 1日に歩く人はどれくらい？

昼間と夜間で人口の差が大きい街なのか。観光地なら季節による差もチェックを。学生が多い街は長期休暇があるので要注意。

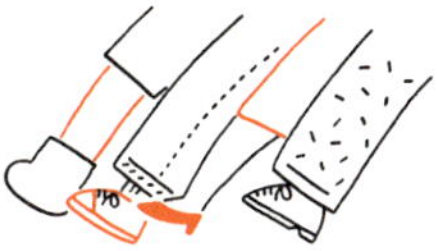

4 周辺にはどんな施設がある？

市役所、学校、病院、公園、スポーツ施設など、近くにある施設によって、立ち寄ってくれる客層も変わってきます。

5 近くの商店街はどんな様子？

高級なお店が多い商店街？ 下町の商店街？ どんな商店街かによっても客層は違ってきます。活発な活動をしている商店街がベター。

6 競合店が近くにある？

近くにある競合店や類似店の規模や雰囲気、売上傾向なども調べておきましょう。テイストが違えば協力し合って共存も可能。

7 どんなお店が繁盛している？

どんなお店が流行っているかで、その街周辺の人々の金銭感覚が読み取れます。そのお店の客単価も調べておきたいところ。

8 商店街の取り組みは？

最近は衰退気味の商店街も多くなっています。空き店舗対策として、助成事業を行っている商店街もあります。

9 近くに大規模マンションがある？

大規模マンションに住む家族層・世代層が、コアターゲットになります。その客層は自分のカフェに合っていますか？

10 その地区は将来どう変わっていく？

再開発、大型店の出店予定、大規模マンションなどの住宅整備計画を最寄りの役所などで確認しておきましょう。

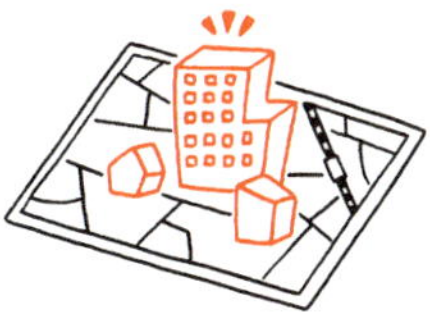

STEP
5

最終決定までは慎重に。交渉や細かいチェックも必要

焦らず、慌てない。契約前には最終チェックを

カフェの店主に話を聞くと、開業までの道のりの中で苦労したことに、物件探しを挙げる人が大勢いました。それだけ、自分が理想とする条件に合った物件を見つけるのは難しいことのようです。ただ、最近は、自治体などの空き店舗活用支援事業を利用して探す人も増えてきているようです。

物件探しは焦らず、慌てないことが重要。先輩店主たちが苦労したことからわかるように、理想の物件に巡り合うには長い時間が必要です。また、ある程度の妥協も必要。前もって、絶対譲れない、これは仕方ない、というような条件を決めておくとよいでしょう。

物件取得には、多大なお金が必要です。保証金など、住宅として借りる場合には発生しない費用があることを覚えておきましょう。値段の交渉は必ずするべき。こんなはずではなかった、ということがないよう、契約の前には左ページの各項目のチェックも忘れずに。

物件にかかる主なお金

※地域によって異なります

1	保証金	住居用物件にはない店舗や事務所物件独自の保証金は、担保金です。契約終了時に返金されるのが普通ですが、全額ということではなく、その条件はさまざま。
2	敷金	借主の債務を担保するための一時金。契約終了時に、償却した分を除き返金される場合もあります。
3	礼金	家主へのお礼として支払うお金。契約終了後でも戻ってきませんが、値切りやすい費用のひとつでもあります。
4	権利金	物件（不動産会社）によって捉え方が異なる場合が多いので、きちんと確認しておきましょう。礼金と同じ意味合いの場合もあります。
5	仲介手数料	不動産会社に支払う報酬。賃料の1カ月分以内が基本です。
6	共益費	建物のメンテナンス料。商店街ならば、商店会費が含まれる場合もあります。
7	更新料	契約更新時にかかる費用。通常、賃料の1カ月〜1.5カ月分。

物件契約前のチェックポイント

立地条件

1 駅からの距離は?
最寄り駅から物件までを実際に歩いてみて、時間を計りましょう。

2 通行人の層は自分のカフェとマッチしている?
歩いている人をもう一度よく観察しておきましょう。

3 住宅街? オフィス街? 周辺環境は大丈夫?
不動産会社や家主にとっても、その店が周囲に与える影響が気になります。

4 周りに目印になるものがある?
電話での道案内のときに役立ちます。

費用

1 敷金・礼金、保証金などは納得のいく金額?
ここが納得できないなら、別の物件を探しましょう。

2 家賃は毎月払っていける金額?
毎月必ずかかるお金なので、じっくり検討を。

3 契約時にどのくらいお金がかかる?
莫大な出費です。自分に無理のないように。

物件

1 そもそも飲食店OKの物件?
ガスの使用が禁止、軽食ぐらいならOKなどの条件付きの場合もあるので注意が必要です。

2 床面積・広さは希望どおり?
客席だけでなく、厨房も念頭において。

3 営業時間に制限はない?
近所迷惑になるので、深夜営業は禁止などの物件もあります。

4 電気・ガスなどの設備容量は足りている?
お店が15〜20坪の場合なら、電灯15kW、動力12kW、ガス管20A、給水管20Aは必要。

5 内装・外装工事に制限は?
外に看板やテントの設置が可能か、テラス席を設けてもいいかなどの確認も。

6 天井の高さは?
天井にダクトを通したり、床下に配管を通さなければいけないときは、それらを隠すために、天井が低くなったり、床を上げる場合も。そういうことも考慮して、天井は高いに越したことはありません。

7 排気の位置は?
近所の家に向いていれば、あとで苦情の原因にも。コーヒー豆の焙煎機を設置する場合は、家主だけでなく、近所の人にも承諾を得ておいたほうがいいでしょう。

8 引き渡しの条件・時期は?
なるべく空家賃が発生しないように交渉を。契約更新時と解約時の条件もしっかり確認しておきましょう。

COLUMN

先輩店主たちの体験談
物件探し編

**希望どおりの物件を見つけることはなかなか大変なこと。
先輩店主たちの奮闘ぶりを紹介します。**

お店が狭くてもテラス席でカバーできる！不動産会社の方の何気ないひと言が決め手に

都内で土地勘がないエリアは避け、家賃の上限だけを決めて物件探しをすることにしました。ネットで探して現地に行って見学、そこで知り合った不動産会社にほかの物件も紹介してもらうという感じです。今の店舗は狭く感じたのですが、不動産会社の方から「テラスにウッドデッキを作ったら良い感じだね」と言われ、そういう手もあるのか！ と。そのひと言が決め手になりました。

「TRICHROMATIC COFFEE」(p.24) 石原 剛さん

気に入った店舗を見つける近道は自分好みの物件を扱う不動産会社を探すこと

郊外エリアでおもしろそうな物件を扱う不動産会社を探して相談しました。候補を数件出してくれた中で、店の前が細長い公園になっていて景色が気に入ったことと、新築平屋一戸建てというのが決め手になりました。「ドッグフレンドリーなカフェ」をやりたかったので、一戸建ては、思わぬ騒音を出してしまったとしてもあまり神経質にならずに済むのかなと思いました。同じ敷地内に駐車場があるのも良かったです。

「Paston」(p.40) 小黒奈央さん

お店を出したい地域の商工会議所に相談に行くという手も

古着屋をやりたいという幼なじみとシェアできる物件を探すことになりました。自分たちで探しましたがなかなかいい物件を見つけられず、知人に勧められて商工会議所へ相談に。そこで、古民家や空き家のリノベーションを専門に手がける不動産会社を紹介してもらい、今の店舗になっている2階建ての物件に巡り合いました。1階が私のカフェに、2階が幼なじみの古着屋になっています。

「polka dot cafe」(p.76) 山田大輔さん

開業 4カ月前〜

STEP 6

店舗工事の基本的な流れを把握しておく

依頼の前に工事の流れを知っておこう

店舗物件が決まったら、次は内装・外装、そして設備などの工事です。工事を早く終えれば、オープンの日までに、じっくりと準備ができます。ただ、それがあまり早いと、営業もしていないのに家賃だけが発生してしまうので、その見極めをきちんとしなくてはいけません。左記の基本的な流れを頭の中に入れておき、工事をしてくれる会社と、綿密にスケジュール調整をしておきましょう。工事の内容によりますが、施工期間は35〜40日が一般的です。

店舗工事は、施工だけを工務店に依頼する方法、電気工事など以外のすべてを自分で行う方法、設計段階からすべてをプロに任せる方法など、実にさまざま。自分の思いをきちんと受け止めてくれるプロを探して、設計段階から相談するのが一番理想的です。

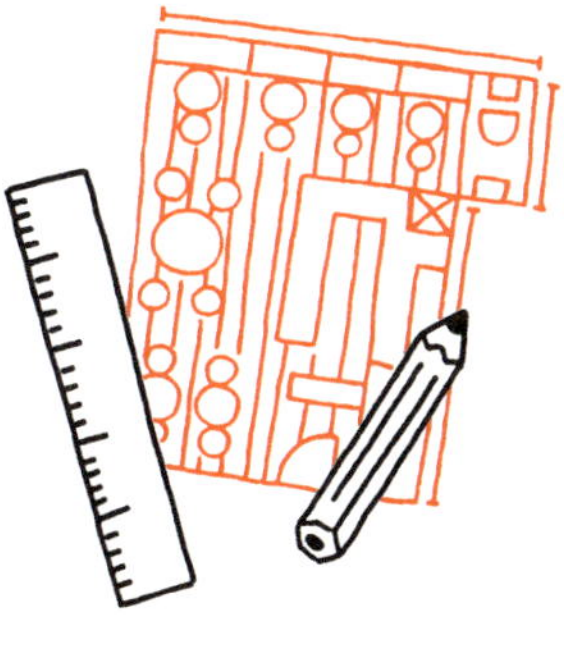

店舗工事の主な流れ

1 構想を練る

自分のカフェの特性をどう表現するか。コンセプトとなるキーワードをもとに考える。

2 平面図にまとめる

動きやすい動線を考えながら、設備や什器などのだいたいの位置を決め、基本的なレイアウトを平面図にまとめる。

3 設計図完成

1と2をもとに、4の会社に設計図を作成してもらう。この段階での設計図は無料にしてもらえるよう、交渉しよう。

4 施工の見積もりをとる

複数の施工会社に見積もりを出してもらう。価格だけでなく、施工方法なども比較検討を。

5 契約する

工事内容、金額、支払い時期などをよく確認する。支払いは施工前と後に分割して、などと会社によって異なるので、確認・相談を。

6 施工スタート

工事がスタートする前には、近所の人にあいさつを。進行チェックや使い勝手などに問題が出ないよう、現場にはまめに足を運ぼう。

7 引き渡し

工事終了後に不満な点が出てくることも多いので、その際の対応も事前に話し合っておこう。さらにこのあと、インテリアづくりなどやることがたくさんあるため、オープン直前の引き渡しは避けよう。

STEP 7

内装工事に関わる設備や備品を書き出してみる

カフェに必要な主な設備と備品

厨房	シンク・浄水設備	シンクは2槽以上、保健所が提示している大きさの目安は、幅45×奥行き36×深さ18cm以上。飲料用に、浄水口を別に設けること。
	作業台	調理や盛り付けなどを行ったり、器具を置くスペースに。
	ガスコンロ	目安として大きいものが2口、小さいものが1口。IH可。
	コーヒーマシン・ドリッパー	どんなコーヒーを出すかによって、抽出器具は異なる。
	製氷機	席数とメニュー内容により、製氷機の大きさを決める。夏場のピークを考えて大きさを選ぶ。
	冷凍冷蔵庫	メニューを踏まえて十分な大きさのものを選ぶ。
	食器棚・器具保管庫	食器や調理器具の保管設備には、衛生のため扉の設置が義務づけられている。
	オーブン	メニューの内容によっては必要。コンパクトでもいいので、業務用がおすすめ。
	電子レンジ	簡単に温めや解凍ができるので、あったほうが便利。家庭用でOK。
客席	テーブル	お店のコンセプトにもよるが、一般的にはふたりでの利用者が多いので、ふたり用のテーブルを多くする。
	イス・ソファ	テーブルの高さに合ったものを用意。
	カウンター	ひとり客を見込むのであれば、あったほうがベター。
	ショーケース・陳列棚	ケーキや焼き菓子などを販売するなら必要。
会計・問い合わせ	レジシステム	レジの機能をiPadやAndroidなどのタブレット端末にアプリをインストールして使用するタブレットシステムもある。領収書やレシートの発行・保管機能のあるものがおすすめ。
	電話・FAX	お客からの問い合わせ対応や仕入れ先との連絡に。
	パソコン	売上や食材の在庫管理などを、パソコンに入力しておくと便利。仕入れ先によってはパソコンでの発注も。

設備や備品のリストアップでレイアウトが見えてくる

内装工事を依頼する前にやっておきたいのが設備や備品のリストアップ。どこに何が必要かがわかれば、店内のレイアウトが自然と見えてくるからです。

たとえば、お店で出すコーヒーをドリップ式にするか、マシンを使って出すエスプレッソにするかで、厨房に必要な什器が異なってきます。大きなエスプレッソマシンを入れるのであれば、その分のスペースを厨房に設けなくてはいけません。

今のうちに、この作業をしておくと、施工業者との打ち合わせもスムーズになります。

設備＆備品リストを作っておこう

必要な設備＆備品をリストにして書き出してみましょう。
何が、どれくらいの大きさで、いくつ必要かなど一目瞭然。
あとで実際に購入するときにも役立ちます。

品　名	仕様・サイズ	数量	金額	発注先	チェック		備　考
					発注	納品	

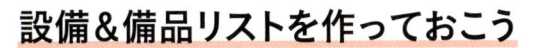

STEP **8**

頭の中のイメージを絵や図面にして具体化する

イメージを伝えるためのビジュアルを用意する

お店の中に必要な設備や備品がわかったら、それらを落とし込んだ図面を描いてみましょう。

図面というと大げさですが、要はどんな雰囲気のお店にしたいかをビジュアルにするのです。人に雰囲気を言葉で伝えるのはとても難しいことですが、下記で紹介しているように、ウェブサイトの写真や雑誌の切り抜きなどを利用して作った「インテリアイメージマップ」を見せれば、一目瞭然です。

レイアウトは、厨房と客席の広さのバランスをよく考えましょう。どうしても客席を広くとりたくなりますが、厨房を狭くしてしまうと、サービスの質が落ちることにつながってしまうのです。

また、動きやすく、使い勝手のいい作業動線が確保できるかを考えることもとても重要です。作業動線が悪いとサービスの低下ばかりでなく、働く人たちのストレスにもなり、雇用問題に発展してしまう可能性も。

イメージを具体化する方法

1

ウェブサイトや雑誌などを見て、イマジネーションを豊かに

どんな内装にしたいのかわからない人は、まず、ウェブサイトや雑誌を見てみましょう。カフェに限らず、雑貨店やレストランなど、自分の気に入ったお店を見つけて、その写真をプリントしたり切り抜いておきます。壁はこのお店、玄関はあそこのお店……と、内装のパーツ別に違うお店でもOK。

2

実際にお店を見て歩く

1で見つけて気に入ったお店へ直接行ってみるのもいいし、通りがかりのお店で、素敵と思ったところに入ってみるのもおすすめです。百聞は一見にしかずで、実際のものを見ると、またイメージが違ったり、より自分のイメージが具体化してくるはずです。お店の人に許可をもらえれば、写真も撮っておきましょう。

3

インテリアイメージマップを作る

自分で簡単な設計図（間取り図でもOK）を描きます。その描いたものの壁、床、ドア、窓などの部分に、1と2で集めた切り抜きや写真を貼れば、インテリアイメージマップのできあがり。

開業 3カ月前〜

STEP 9

動きやすさを第一に。作業動線の良いレイアウトを

作業動線が良いとお店も繁盛する!?

厨房の広さはお店全体の広さの30%が目安です。ただ、メニューの内容によって多少異なります。ドリンク中心のお店ならば店舗面積の1／5〜1／10、食事メニューが多いなら店舗面積の1／3〜1／5くらいと考えておきましょう。

厨房では、調理台、シンク、冷蔵庫、コンロ、盛り付け台の位置関係が重要です。「料理を作って出す」と「食器をさげて片付ける」の作業に無駄な動きがでないよう、手順をよく考えてレイアウトします。また、厨房機器類は、腰を曲げずに作業できる高さにすることも大切です。

客席は、稼働率を高めるためにふたり席を基本に。詰め込みすぎず、かつ空間を空けすぎない、テーブルとテーブルの間は35〜50㎝がベストです。

作業動線の良いお店は繁盛する、と言い切ってもいいほど、レイアウトは重要なポイントになるのです。

使いやすいレイアウトの考え方

1. 冷蔵庫から食材を出す→洗って調理台で切る→コンロにかける→盛り付ける、など一連の作業を考えたレイアウトに。
2. 厨房と客席の広さのバランスを考える。
3. 厨房の動線は短いほど使いやすい。
4. 客席は稼働率を高めるためにふたり席を基本に。ひとり客も狙うならカウンターを設ける。
5. スタッフのサービス動線は短く。客席は、お客のことだけでなく、スタッフが給仕する動線も考えて。
6. メニューや水用のポットなど、最初にお客に出すアイテムを揃えて置いておく「スタート台」を設けると、動きがスムーズになりやすい。
7. 厨房機器は、体に負担がかからない高さに調整する。
8. 厨房の近くに事務処理ができるスペースがあると便利。

STEP 10

設計・施工は飲食店工事経験がある業者に

見本とするカフェのオーナーに紹介してもらう手も

工事を依頼する準備が整ったら、店舗デザイナーや設計士、内装・外装をお願いする施工会社を探します。でも、これが意外に大変。専門雑誌やインターネットなどで探すのも手ですが、「こんなお店にしたい！」という見本になるカフェを見つけたら、そのオーナーに問い合わせて、デザイナーや施工会社を紹介してもらえないか交渉してみるのも一案です。

設計図を描いてくれるのが設計士、または店舗デザイナー。そして、現場で実際に店舗をつくってくれるのが施工会社です。いずれかが見つかれば、もう片方の専門家を紹介してもらうことも可能です。

ここで注意しておきたいのが、いずれも飲食店を設計・施工した経験があるかどうかを確認しておくこと。経験があると、左ページのような飲食店営業許可取得に必要な施設・設備のことも熟知していて、知恵や情報も豊富なはずですから。

設計・施工会社の探し方

- 見本となるカフェのオーナーに、直接聞いてみる
- カフェスクールに紹介してもらう

- インターネットで探す

- 専門書などの本や雑誌で探す

- とにかく口コミ！
- 知り合いに声を掛けて紹介してもらう

正式に依頼する前に必ず、今までに設計・施工した店舗を見せてもらうこと！
写真でもOKですが、実際に店舗に行き、自分の目で確かめるのがベスト

飲食店営業許可取得に必要な主な施設・設備

飲食店を営業するには、施設や設備が一定基準を満たしていないと、保健所の許可がおりません。工事をはじめる前に、必ず所轄の保健所に図面を持って相談に行きましょう。

東京都の場合

● 客席と調理場の区分け
調理場が仕切られていること。
具体的には調理場の入口にドアがあること（ウエスタン式でもOK）。

● 客席
客席には換気設備を設ける。客席の明るさは10ルクス以上に（調理場は50ルクス以上に）。

● 調理場の床・壁・天井
調理場の床には、排水のため勾配をつける。床と壁が交わる隅は、丸みをつける。
天井は配管、ダクト、照明器具などが露出しないこと。

● 洗浄設備
シンク（流し）が2槽以上あること。
1槽の大きさ（内径）の目安は幅45cm×奥行き36cm×深さ18cm以上。
食器洗浄機は1槽にカウントされる。

● 冷蔵設備
食品を保存するために、十分な大きさを有する冷蔵設備を設けること。

● 給湯設備
洗浄および消毒のための給湯設備を設けること。

● ばい煙などの排気の出し方
ダクトによって屋外に排気する場合、近隣に迷惑がかからないよう、その高さと方向に注意する。

フードを設置する場合は、天井とのすき間がないように直接つけ、寸法は法規を守ること。

● 従業員専用の手洗い設備
調理場に手洗い器（幅36cm×奥行き28cm以上）があり、手指の固定式消毒装置をつける。

● ネズミなどの防除
網戸、自動ドアなどで防止する。排水溝には、鉄格子や金網などをつける。

● 保管設備
食器戸棚や器具保管庫などには必ず戸をつける。

● 計器類
冷蔵庫内と調理場内には温度計を設置すること。

● 汚物処理設備
汚れた液やにおいがもれないよう、蓋付きのゴミ箱を用意する。

STEP 11

見積もりは何社か比較するのがベスト。追加工事も念頭に

金額も重要だが、工事の詳細や対応の仕方をチェック

店舗工事費には内装工事費、設備工事費、厨房工事費などが含まれてきます。空調設備がついていれば、その分費用は安くなります。電気容量が少なければ、増やすための工事が必要になるため、別途費用が加算されます。

見積もりは数社から出してもらうこと。相場が把握でき、工事内容の比較もできます。ただし、金額が安いからいいというわけでもないので注意が必要です。詳細をきちんと確認し、少しでも疑問や不安があったら質問してクリアにしておくことが大切です。その対応の善し悪しも含めて、最終的に決定するのがいいでしょう。また、工事終了後に追加工事が必要になることもしばしば。その分の予算もあらかじめ算出しておくと安心です。

見積書の例 ※15坪の物件の場合

御見積書

● **店舗内装工事**

解体工事（ラーメン屋を解体し撤去、廃材処理など）	1,000,000円
土工事、コンクリート工事（床の下地工事）	450,000円
壁工事（壁および下地工事）	550,000円
天井工事	350,000円
店舗内木工事（カウンター周辺の工事）	850,000円
木製建具工事（店舗入口、ドアの建具など）	500,000円
家具工事（レジ台や棚 ※テーブルとイスは別途）	450,000円
内装工事（床、壁の仕上げ）	800,000円
厨房内工事（床、壁の仕上げ）	550,000円
ファサード工事（玄関正面、壁など）&木工事	750,000円
その他（サイン工事など）	300,000円

● **設備工事**

照明器具設置工事	250,000円
照明器具	350,000円
換気設備工事（換気ファン、排気扇など）	1,100,000円
電灯・コンセント工事	550,000円
給排水設備工事	700,000円
衛生器具工事	450,000円
ガス設備工事	200,000円
空調設備工事	700,000円

合　計　　¥10,850,000

協力：コムスペース（株）中川 恵介 https://comspace.biz

COLUMN

内装工事を安く抑えるために居抜きやセルフビルドの活用も

開業資金を節約するためには、「居抜き物件」にしたり、自分で内装工事をしてしまう「セルフビルド」といった方法もあります。

居抜き物件

同じ業種なら多くの設備をそのまま利用できる可能性も。ただし、注意が必要

以前の店舗の空調や給排水設備などをそのまま再利用できる「居抜き物件」。同じ業種のお店なら、厨房設備などをほとんどそのまま使える場合もあり、初期投資が抑えられる場合も。

「ただ、使用されていたものになるので、当然新品で購入するよりは故障のリスクが高くなります。厨房機器やエアコンなどはだいたい何年ぐらい使用したものなのかを事前に確認し、できれば現在の借主にメンテナンス業者などを紹介してもらうと良いと思います。また、同じ飲食店といっても、以前が中華料理店だったら、カフェと厨房設備はかなり違います。新しく取り替えなければいけないと、撤去費用などが高くついてしまう場合もあるので注意が必要です」とカフェズ・キッチンの富田佐奈栄さんはアドバイスします。

セルフビルド

業者に依頼しつつ、一部を自分たちで行うのがベスト

「資金が足りない」または「自分のセンスを活かした、どこにもない空間を演出したい」といった場合、自分で店舗をつくるという手段も。ただし、いくらセンスがあるとはいえ、所詮素人。一歩間違うと安っぽい雰囲気に……。

どうしても自分で！ と考えるなら、カウンターなどの造作や壁塗りなど、素人っぽさが「味わい」の演出になる部分だけを、自分で行うのがいいでしょう。すべてを自分で行うのはかなりの冒険。工事の人にまじって、自分たちが手伝えるところだけにするのが得策です。それだけでも人件費が削減でき、コストの節約につながるはず。自分でやれば、素人が工事を行うわけですから、業者に依頼した場合よりも工事期間が長くなりがち。その間も家賃が発生することを忘れずに。安く抑えるためにしたことが逆効果になる場合も。

COLUMN

カフェの裏側、厨房を見せてもらいました

カフェの店主やスタッフたちの働きぶりと一緒に、普段はなかなか見ることができないカフェの厨房を見せてもらいました。

polka dot cafe (p.76)

雑然とした様子にリアル感があり、おいしいものが作られる予感。ここで店主の山田さんが調理する姿を見ながら、お客は注文したものを待つ。

TRICHROMATIC COFFEE (p.24)

客席と厨房を仕切るカウンターと同じ高さの棚を厨房側に設置することで、作業台と収納場所を増やすことに成功。

喫茶れとろ (p.84)

突き当たりの右側にも広がる厨房で、かなり広いスペース。スイーツのテイクアウトをはじめるために拡張した。

おむすびcafe 空と糸 (p.62)

ひとりでの営業のため、厨房の奥のほうにいても客席の様子が見えるよう、シンク側の壁に横長の抜けをつくった。

VERT DE GRIS PUMP (p.92)

3方に窓があり換気が良く、明るい厨房。手を上に軽く伸ばして取れる位置に棚を取り付け、食器や調理道具置き場に。

miso汁香房 (p.70)

厨房の棚は店主の天野さんが取り付けたもの。客席から丸見えのところにあるため、器や道具はいつも整理整頓を心がける。

開業 1カ月前〜

STEP 12

すでにリストアップしている什器や備品を揃える

安く済ませるには中古品も。ただし、よく確認して

店舗工事を進めながら並行して行うのが什器や設備の用意。すでにリストアップはできているはずなので、その表をチェックしながら購入の準備をはじめます。

調理道具などは、関東ならかっぱ橋道具街、関西方面なら千日前道具屋筋商店街などを利用するといいでしょう。実際に見て手に持って、その使い勝手を体感するのが一番ですが、この時期は開店準備で忙しいので、時間節約のためにはインターネットで探す方法も。また、総合厨房機器メーカーのカタログを取り寄せて注文する方法もあります。

テーブルやイス、大型の厨房機器などは安く済ませるため、店舗専用の中古品を扱うお店を利用する方法もあります。その場合に気をつけたいのが電化製品です。保証の有無や期間、購入後に万が一故障しても対応してもらえるかなどをしっかり確認しておく必要があります。

什器や備品の調達方法

調理器具などは道具街で揃える

実際に見て触って試せるので、使い勝手のいいものを選ぶことができます。専門店ならではの品揃えで、一般のお店よりも多少安く購入できます。玄関はあそこのお店、床はあのお店と、内装のパーツ別に違うお店でもOK。

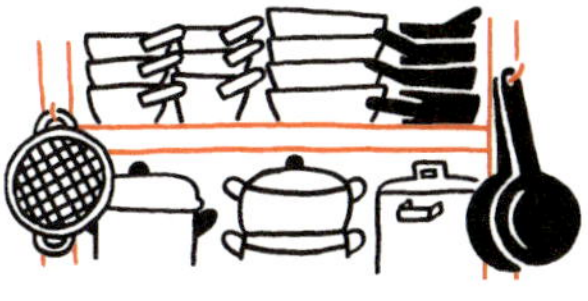

厨房機器などを扱うリサイクルショップを利用する

調理台やシンクなど、性能にあまり差がないものに向きます。購入後のメンテナンスや保証の有無を要確認。

厨房設備はリース契約も可能

新品を安く使用したいならリースという方法も。ただ、個人経営のお店との契約は難しいところも多いです。

ホテル・レストランショーなどの展示会を利用する

1カ所でたくさんのメーカーのものを見て触って試すことができます。

カフェスクールから紹介してもらう

カタログやインターネットを利用する

たくさんの中から比較検討することができます。現物が届いてからイメージが違った……とならないよう、購入前にはしっかりチェックを。機能や性能を確かめなくても困らない、すでにわかっているものの購入に向きます。

STEP

13

コーヒー豆や食材などの仕入れ業者を探す

生鮮食品は地元で。食の見本市にも出掛けよう

お店のコンセプトに合った料理を提供するためには、仕入れこそが肝心カナメ。仕入れルートの開拓も重要な仕事ですが、一番良いのは地元で買うこと。近くに商店街があれば、そこで野菜や肉、魚などを揃えることをおすすめします。自分の目で確かめることができるし、地域の人とつながる良い機会にもなります。何より野菜などは新鮮なものを買うことができます。ただ、これは少量仕入れに向いています。規模の大きいお店で、食材が大量に必要な場合は、大手業者に割安の価格で卸してもらいましょう。

　コーヒー豆や茶葉などは専門の仕入れ業者にお願いしましょう。左ページで紹介しているような方法で、自分が納得する味のものを見つけることです。

　新しい食材や業者などを探す場合は、フードショーやカフェレスジャパンなどの見本市に足を運びましょう。

仕入れ先の探し方

厨房機器メーカーや
取引業者に紹介してもらう

カフェオーナーなどの知り合いや
カフェスクールに紹介してもらう

インターネットで探す

フードショー、カフェレスジャパン、
ファベックスなどの見本市で探す

コーヒー豆の主な仕入れ法

● **コーヒー業者を利用する**
コーヒーの淹れ方や器具の扱い方などを指導してくれる業者もあります。

● **自分の好みのカフェに業者を紹介してもらう**
産地やメーカー、ローストの仕方、抽出器具の違いによって、コーヒーの味はまったく異なります。

好みのコーヒーを出しているカフェに、仕入れ先を教えてもらえるか聞いてみましょう。

● **自家焙煎のお店にオリジナルを依頼する**
ブレンドや焙煎具合を調整してくれるので、
自分のお店だけのオリジナルを作ってもらうことができます。

● **インターネットで探す**
検索すると、コーヒー豆を購入できるサイトが多いのがわかります。
全国から探せるという利点がありますが、
送料や納入ロットの確認も忘れずに。

食材の主な仕入れ先

● **産地**
産地の農家へ直接出向いて買う方法。

作っている人・現場を見れば、その食材に対して安心感も生まれます。

生産者との直接のやりとりは信頼関係が大切。

「ここ!」というところを見つけたら、お店やその食材についての熱意をしっかりと伝えます。

口コミやインターネットなどでこまめに探してみましょう。

● **卸売市場・大手業者**
安く大量に仕入れるものに向いています。逆に少量の仕入れができないことが多いのが難点。

実績がないと、取引ができない場合も。

カフェスクール、飲食店のオーナーや厨房機器メーカーの人などに紹介してもらいましょう。

● **専門店**
少量でも取引が可能。品揃えが豊富で選択肢が広がります。

ただ、卸値ではなく、小売値で購入しなければいけません。

● **近所のスーパーなど**
自分の目で確かめて、鮮度のいいものをその場ですぐに、
自分の必要な分だけ買うことができます。
逆に大量に必要な場合は、ストックがなくて買えないことも。
小売値で購入するのでコストは高くなります。

● **インターネットや食材会社のサイト**

STEP 14

店名を決めて、看板やメニューブックなどを作る

お店とお客をつなぐツール。こだわりを表現

自分のお店もいよいよオープン間近！ ところで、肝心なカフェの名前は決めましたか？

そろそろ、店名を入れた看板やメニューブック、ショップカードを作らなければいけない時期です。その「顔」となる店名が決まっていないと何も進まないので、このへんで確定しておきましょう。

「お店をやるならこの名前！」とずっと前から決めている人は、その名前に思い入れがあるのですから、それを採用するのが一番です。悩んでいる人は、お店のコンセプトや特徴、〝ウリ〟などを表し、それを見ただけでどんなお店かわかるかをポイントに考えてみましょう。ただし、言葉そのものの意味や語感なども大切です。

看板やメニューブック、ショップカードはわかりやすさが一番大切です。あとは、自分のセンスとこだわりを表現して、お店をアピールし、お客の記憶に残るものを作りましょう。

先輩店主たちの店名の由来

ぴえに。 (p.18)	フィンランド語のpieni（小さな、ささやかなという意味）から「ぴえに。」と平仮名にし、文が終わってひと息つくように、コーヒーでひと息つくということで最後に句点（。）をつけた。
TRICHROMATIC COFFEE トリクロマティック コーヒー (p.24)	「TRICHROMATIC」は「3色の」を意味し、色を組み合わせることで無限の表現が可能になることから、スペシャルティコーヒーの味わいにおける奥深さと多様性、またお店の雰囲気などすべてが「色」として調和するように。
Paston パストン (p.40)	「Paston」はフランス語の「le passe-temps（ル パス タン）」から。暇つぶしという意味で、犬の名前っぽくなるように表記は当て字にした。
KIJI CAFE キジ カフェ (p.56)	お店のある流山市は今でもキジがいる地域。カフェではキジがくる市内の畑で収穫された野菜を使っている。今後もキジと共生したい、キジがいる地域だと知ってほしい、という思いを込めた。
わかまつ農園 お菓子と暮らしの物 りた (p.100)	「りた」は仏教用語の「利他」より。自分のことだけを考えるのではなく、周りの人を幸せにすることをまず考える、という利他の心を大切にしたいという思いを込めた。

お店のサインになる看板、立て看板、メニュー看板

LATTE ART MANIA TOKYO (p.32)

ぴえに。(p.18)

喫茶れとろ (p.84)

KIJI CAFE (p.56)

miso汁香房 (p.70)

おむすびcafe 空と糸 (p.62)

わかまつ農園 お菓子と暮らしの物 りた (p.100)

VERT DE GRIS PUMP (p.92)

STEP 15

開業に必要な資格取得と営業許可の申請をする

食品を取り扱う責任者の資格が必要

とにかく、お店を予定の日にきっちりとオープンすることに忙殺され、ついつい忘れてしまいそうになるのが、資格取得と営業許可申請。これをしないと、いくらお店が準備万全でも、オープンができなくなってしまいます。この時期までに忘れずに行っておきましょう。

食品を扱うカフェの営業には、飲食店の営業許可が必要。これは最寄りの保健所に申請します。そのためには、食品を取り扱う責任者の資格が必要になります。1店舗にひとり、食品衛生責任者、調理師、製菓衛生師、栄養士のいずれかの資格取得者がいればよいのです。

この中で容易に取得できるのが食品衛生責任者。都道府県などの自治体や保健所などが開催する講習を1日受講すればOKです。ほぼ毎月開催されてはいますが、受講者が多い講習のため、直前に申し込むと定員オーバーで受講できないことも。余裕をもって早めに申し込んでおきましょう。

カフェ開業に必要な資格

下記のいずれかの取得が必要です。

食品衛生責任者	従業員の衛生教育、施設の管理、食品取り扱い設備の管理などが役割。 17歳以上で、1日6時間（東京都の場合）の講習を受講すれば取得できます。 栄養士、調理師、製菓衛生師、食鳥処理衛生管理者、船舶料理士、 食品衛生管理者、食品衛生監視員の有資格者は受講なしで、 食品衛生責任者になれます。
調理師	受験資格は中学校を卒業した者と同等以上の学力を有する者で、 飲食店などで2年以上調理業務に従事した者。 または、調理師養成施設を卒業した者。
製菓衛生師	受験資格は2年以上菓子製造業に従事した者。 または製菓衛生師養成施設を卒業した者。
栄養士	大学、専門学校などの厚生労働大臣が指定する栄養士養成施設で、 所定の課程を履修して卒業すれば、取得できます。

営業許可取得の手続きの手順

1 保健所に相談

物件が決まったら、所轄の保健所に相談へ。許可に必要な設備などについて教えてもらいましょう。それを設計士に伝え、図面を作ってもらいます。

2 規定の基準に合格する図面をつくる

図面を持って、再度保健所へ行きます。

3 申請書類の提出と検査日が決定

完全な図面ができたら、店舗の工事をスタート。同時に、保健所へ必要な申請書類を提出します。検査日をいつにするかの相談もしましょう。

4 保健所担当者が立ち会いで検査実施

決めた検査日に、保健所担当者がお店に来て検査をします。規定の設備が問題なく衛生的であれば許可がおります。

5 営業許可書の交付

交付には1週間〜10日ほどかかります。基本的には、営業許可書が交付されるまで開店はできません。交付日を確認しておきましょう。

営業許可申請に必要なもの（個人の場合）

❶ **営業許可申請書**（1通）
❷ **営業設備の大要・配置図**（2通）
❸ **食品衛生責任者資格証明書**（1通）
❹ **水質検査成績証明書**（1通）
❺ **申請手数料**

❶と❷は保健所、❹は店舗オーナーが仲介不動産会社から入手。❸と❹はコピーでも可。営業許可申請書は自宅のある場所ではなく、お店を営業する地区を管轄する保健所へ提出すること。

- 移動カフェの場合　通常の店舗と同様、保健所からの営業許可が必要です。提出書類には「仕込み場所の営業許可証のコピー」が追加で必要になります。
- 深夜12時過ぎにアルコールを扱う場合　「深夜酒類提供飲食店営業」として、公安委員会へ届け出が必要です。店舗の平面図、照明・音響の設計図、営業許可の写しなどの書類が必要になります。詳しくは最寄りの警察署で確認を。
- 手作りケーキのテイクアウトサービスを行う場合　飲食店営業だけでなく「菓子製造業」の営業許可も併せて必要になります。
- 動物を店内で飼ってお客と触れ合う、動物カフェの場合　第一種動物取扱業の登録が必要です。管轄の都道府県または政令市の動物愛護管理行政担当部局に問い合わせを。

STEP 16

店の広さ、メニューの内容から スタッフの人数を決める

ひとりでまわすのは大変。最初だけでもヘルプ要員を

　お店のオープンに向けて、最終的な詰めの時期。ここでの課題は「スタッフをどうするか」です。

「いくら利益が出るかわからないし、人を雇う余裕があるかわからない」とはいえ、厨房で料理を作りつつ、接客も自分ひとりで行うのは、かなり無理があるといえます。

　では、何人のスタッフを準備すればいいのか。どんなに小さなお店でも常時2名（自分も含め）いるのが理想です。たとえば30〜40坪の店舗の場合、席数は45〜60席となるため、キッチンスタッフは2名、ホールスタッフは2〜3名が最低でも欲しいところ。

　まだ慣れないオープン当初だけ、家族や友人などに手伝ってもらうのもひとつの方法です。でも、長く勤めてもらいたい人が欲しい場合は、店舗工事を進めている段階から、店先に張り紙をして、スタッフ募集の告知をしておきましょう。この方法でスタッフの応募があったという店主が多くいました。

スタッフを雇うときの注意点

1. 費用のかからない求人方法を考えよう
2. 経験者ならば、どんなことができるのかを聞いておこう
3. 面接では、自分やほかのスタッフとの相性もチェック！
4. 「接客のルール」をつくっておき、理解してもらおう
5. オープン日から働きはじめるのではなく、事前に練習ができるようなスケジュールを組んでおこう
6. 人を雇う場合は、税務署に「給与支払事務所等の開設届出書」の提出が必要
7. アルバイトスタッフのほうが経験豊富でも、自分がオーナーであることを自覚し、堂々と構えること！

STEP 17

万が一に備えて 保険に加入するのを忘れない

年間7万円前後。資金繰りに入れておこう

もしもの火事、盗難、事故……。オープン前から、そんな縁起でもないことは考えたくありませんが、火を使い、不特定多数の人が集まるお店をはじめるわけですから、店主としては、「万が一」に備える必要があります。

そのために、オープン前に保険に加入することをおすすめします。保険費用は、保険会社や保険内容によってまちまちですが、年間7万円前後がだいたいの目安。各社の保険料を比較できるインターネットのサイトがあるのでチェックしてみましょう。そしてこの保険料も、資金繰りの支出の中に入れておきましょう。

トラブルに備える保険は、幅広く損害や費用を補償する「物損害保険」など、下記のような保険。ほかに、スタッフを雇う場合は「業務災害補償保険」、ビルのテナントに入る場合は「借家人賠償責任保険」など、営業形態によって加入すべき保険が変わります。

トラブルに備える保険

賠償責任保険	コーヒーをこぼしてやけどをした、食中毒や食物アレルギー事故、強風で看板が飛んで通行人がケガをした、店内で盗難に遭ったなど、店の内外で起きた事故などの際、お客に対する賠償を補償。火災により借りている建物に生じた損害を補償。
物損害保険	火災や器物破損、什器・備品の盗難など、店の設備や什器などに対する損害を補償。
休業損害保険	火事や自然災害など思いがけない事故で休業した際の利益に対する損害を補償。オーナーの病気などはあてはまらない。

※いろいろ含まれる総合保険などもあるが、何が補償されているかを必ず確認すること。

STEP 18

シミュレーションを重ねて完璧な状態で開店に臨もう！

近所の人や友人を相手に練習しておこう

店舗工事も無事終了！　この頃には厨房の設備や機器も整っているはずです。用意した食器や調理器具の置き位置を決め、実地練習のスタートを。実際にメニューの料理を作ってみましょう。「オープンしてから徐々に慣れれば……」なんていう人もいますが、それはとても危険な考え。

「新しいお店なのだから、頼んだ料理が出てくるのが遅くても仕方がない」などと言ってくれるお客はいません。もちろん、接客にしてもしかり。何分で料理ができ、それをどれだけ早くお客に出せるか、オープンまでにしっかりとシミュレーションしてスムーズに対応できるようにしておきましょう。

開店2〜3日前くらいには、近所の人や親しい人たちに声を掛け、調理と接客のトレーニングをしてみましょう。お店を支えてくれるのは何といっても近所の人たち。その人たちへのサービスも必要不可欠です。

直前→オープン当日→直後の流れ

直前

調理＆接客のシミュレーションをする

メニューの料理を作り、どれに何分かかるかも事前に把握しておきます。あいさつや立ち居振る舞いなど、接客サービスの練習も行います。

当日

スマイル＆スマイルで今日１日がんばろう！

スタッフみんなの気持ちがひとつになるよう、店主としてリーダーシップを発揮しましょう。客席と厨房の両方に目を配り、作業がスムーズに流れているかのチェックを。

直後

２カ月間は無休覚悟でお店をオープン

オープンしたらしばらくは無休で営業する方法も。どの曜日が暇で、夜は何時まで営業すればいいのかが見えてくるからです。それから、定休日の決定をするのがベストです。

オープン直前チェックポイント

下記の項目を確認して、□の部分にチェックマークを入れていきましょう。

- □ 厨房設備はちゃんと動く？
- □ 空調設備はちゃんと動く？
- □ 照明の電球は切れていない？
- □ 食材はすべて揃っている？
- □ 看板はできている？ すぐにセッティングできる？
- □ メニューブックはできている？
- □ ショップカードはできている？
- □ 伝票を用意している？
- □ スタッフ全員がメニューの説明をきちんとできる？
- □ おつり（小銭）を用意している？ 現金以外の決済方法の準備は万全？
- □ 店内はもちろん、トイレも掃除がきれいにできている？
- □ 店内を見渡して、お客に見られてマズイものはない？
- □ スタッフ全員の身だしなみはOK？

COLUMN

先輩店主たちの体験談
オープン直前編

**準備万端で余裕しゃくしゃくか、はたまた忙しくてパニック寸前か……。
オープンを間近に控えたときのお話です。**

会話をしながら コーヒーを淹れることが できないことがわかって……

オープン直前に家族や知人を招待し、試食会のようなものを開催しました。接客に慣れようと思い、コーヒーを淹れながらお客さまと会話をしようと、知人を相手に話しかけてみるものの、話しはじめるとコーヒーを淹れる手が止まってしまい、コーヒーを淹れることに集中するとおしゃべりはできないことがわかりました。これは慣れるしかないと思い、オープンしてからはまずコーヒーを淹れることに集中することにしました。

「TRICHROMATIC COFFEE」(p.24) 石原 剛さん

プレオープンで 人手が足りないことが発覚！

オープン当時は夫婦で経営していて、そのときの話になります。家族や知人を招いて、1日だけプレオープンの日を設けました。思ったよりたくさんの人に集まっていただき、感動したのも束の間。自分たちの作業の遅さが如実に露呈。すべてのことが頭で考えていたようにスムーズにはいかないのです。これでは夫婦ふたりだけでお店をまわすのは無理！ と思い、急遽手伝ってくれる人を探すことになりました。自分たちのできなさに愕然としましたが、オープンしてからお客さまの前で大パニックになることは避けられました。プレオープンをしておいて良かったと実感しました。

VERT DE GRIS PUMP (p.92) 古川さやかさん

CHAPTER.3

カフェ開業&続けるために必要なお金の話

「カフェをやりたい！」という強い思いばかりがあっても、
やはり先立つものがないと、実現は難しいもの。
開業のために必要な資金、足りない場合の借入の方法など、
開業に必要なお金のお話です。
ちょっと先の、続けていくためにかかるお金のことも併せてご紹介。

POINT 1

開業に必要な資金を割り出してみる

最大の出費の物件取得費は物件によって条件が異なる

開業にかかったお金は「喫茶れとろ(84ページ)のように約２８７万円のお店もあれば、３３００万円(ただし、土地取得費含む)以上のお店もあります。こんなに幅があると一概にいくら必要とは言えませんが、すべて自己資金でまかなうのが理想です。最低でも必要な資金の30％は自己資金と考えましょう。

その資金の内訳は①店舗物件取得費②内外装・設備工事費③什器・備品費④仕入れ費⑤広告・宣伝費となります。

一般的にこの中で最大の出費は店舗物件取得費で、敷金(保証金)、礼金(権利金)、前家賃、不動産会社への手数料が必要となります。最も高額なのが敷金(保証金)で、契約終了時に返却はされるものの、償却額が差し引かれます。店舗物件の場合、住居用とは異なり、家賃の２カ月分などという目安はなく、物件によって金額はさまざまです。

開業資金の算出例

カフェズ・キッチンの富田佐奈栄さんに開業資金を算出してもらいました。

坪単価2～3万円が大きな目安

一番気になる家賃は、右記の物件と立地だと坪単価2～3万円がひとつの目安です。それより高い場合は、交渉の余地がありそうです。店舗物件取得費は、敷金の代わりに保証金の場合もあります。その場合は家賃の6～10カ月分がひとつの目安に。また、内外装工事費のほか、電気・空調、給排水の工事も必要になるため、合計金額の30％強の400～600万円は用意したいところです。

ドリンク中心のカフェの場合

〈立地条件〉

東京・京王線明大前駅より徒歩３分
(東京都世田谷区)

- 駅にほど近い住宅地
- 家賃30万円
- 築年／2000年
- 鉄骨・1階
- 敷金2カ月・礼金6カ月
- 保証金／なし
- 使用部分面積/49.75平米(15.05坪)

店舗物件取得費	270万円
内外装・設備工事費	700～1000万円
什器・備品費	250～400万円
仕入れ費	30～50万円
広告・宣伝費	10万円
合計	1260～1730万円

開業に必要な資金のチェックシート

自分が欲しい物件を想定して、必要な資金を書き出してみましょう。

什器・備品費	
厨房機器	円
イス・テーブル	円
レジスターまたはタブレット	円
食器・調理器具	円
業務用消耗品	円
メニューブック・立て看板などの製作費（15万円前後が目安）	円
音響設備（10万円前後が目安）	円
小計	円

仕入れ費	
食材	円
消耗品など	円
その他	円
小計	円

広告・宣伝費	
ショップカード	円
チラシ	円
求人募集	円
その他	円
小計	円

店舗物件取得費	
敷金	円
礼金	円
保証金	円
権利金	円
不動産仲介手数料	円
前家賃1カ月分	円
その他	円
小計	円

内外装・設備工事費	
内外装工事費（坪あたり60万円が目安）	円
設備工事費（坪あたり20万円が目安）	円
空調工事費（5馬力）	円
その他	円
小計	円

合計

円

POINT 2

開業後に必要な運転資金を想定してみる

目安は現金での支払総額の3〜6カ月分

オープン直後（お店が軌道にのるまで）のことも頭に入れて、運転資金も準備しておきたいものです。運転資金額は現金での1カ月の支払総額の3〜6カ月分が理想。資金を借り入れる場合も、あらかじめ運転資金分を想定したうえで申請したほうがいいでしょう。

運転資金には①店舗維持費②人件費③仕入れ費④備品費⑤諸経費などがあります。この中で①と②は、売上の状況に関わらず、決まった額を定期的に支払わなければいけません（固定費）。この固定費の割合が高くなるほど、お店の運営は苦しくなります。最初から固定費は低く設定するように努力をしましょう。そして、お店を管理するのに必要なのが下記の資金繰り表です。事前に入出金を予測して書き込み、「当月資金残高」がマイナスになったら要注意！　あきらかに資金不足になりつつあるため、何か手だてを考える必要があります。

開店後の運転資金を予測してみる

（単位：円）

項目			開店時	4月	5月	6月	7月
月初手許資金（A）				1,500,000	1,200,000	1,210,000	1,385,000
営業収支	収入	現金売上		600,000	700,000	800,000	900,000
		クレジット売上（売掛金）			200,000	300,000	400,000
		その他収入					
		計（B）	0	600,000	900,000	1,100,000	1,300,000
	支出	現金仕入		100,000	110,000	120,000	130,000
		前月分の掛仕入（買掛金）			200,000	250,000	300,000
		人件費		100,000	100,000	100,000	100,000
		店舗家賃		150,000	150,000	150,000	150,000
		水道光熱費		15,000	15,000	20,000	20,000
		消耗品費		300,000	80,000	50,000	30,000
		リース料		50,000	50,000	50,000	50,000
		広告宣伝費・販売促進費		30,000	30,000	30,000	30,000
		支払利息		5,000	5,000	5,000	5,000
		その他経費		100,000	100,000	100,000	100,000
		計（C）	0	850,000	840,000	875,000	915,000
	営業収支（D）＝（B）－（C）		0	-250,000	60,000	225,000	385,000
その他収支	収入	手許金	500,000				
		借入金（運転資金分）	1,000,000				
		その他					
		計（E）	1,500,000	0	0	0	0
	支出	借入金返済		50,000	50,000	50,000	50,000
		その他					
		計（F）	0	50,000	50,000	50,000	50,000
	その他収支（G）＝（E）－（F）		1,500,000	-50,000	-50,000	-50,000	-50,000
当月収支（D）＋（G）			1,500,000	-300,000	10,000	175,000	335,000
当月資金残高（H）＝（A）＋（D）＋（G）			1,500,000	1,200,000	1,210,000	1,385,000	1,720,000

当月収支がマイナスのため資金残高が減

当月収支のプラスが続き資金残高が増加

資金の出入りを確認するための「資金繰り表」。資金不足になっても、家賃などを支払う期日は容赦なくやってきます。そんなとき、実収入が少なくても滞ることなく支払えるようにしておくために必要なのが運転資金です。

開業後に必要な資金のチェックシート

運転資金がどれくらい必要になるのか、書き込んでみましょう。

備品費	備品	円
	事務用品	円
	消耗品	円
	その他	円
	小計	円

店舗維持費	家賃	円
	管理費	円
	共益費	円
	水道・光熱費	円
	その他	円
	小計	円

諸経費	通信費	円
	広告宣伝費・販売促進費	円
	その他	円
	小計	円

人件費	給料	円
	通勤交通費	円
	その他	円
	小計	円

仕入れ費	食材	円
	その他	円
	小計	円

合計

円

POINT

3

自分が用意できる資金を算出してみる

自己資金を把握する。保険や株券の確認も忘れずに

開業資金と開業直後の運転資金のだいたいの金額が出たら、次はそれをどう用意するかを考えなくてはいけません。当然、借り入れるという方法がありますが、できる限り多くの自己資金でまかないたいものです。また、今加入している保険は保障内容の確認も兼ねて見直してみましょう。そしてここで、自分の資金力を具体的に算出してみます。たとえ、公的機関などから調達するにしても、自己資金をどれだけ用意できるかが、融資・出資の条件となることが多いため、綿密に洗い出しておくことがとても大切なのです。

本書に登場した12店（チャレンジショップの「ヴェルベコメ」除く）の店主のうち、6人は自己資金だけ（親や親戚から借りた方法も含む）で開業に至っています。借り入れがないということは、オープン後の運営のやりくりがスムーズにいくばかりでなく、精神的にもずっとラクになるそうです。

自己資金がいくら用意できるか考えよう！

保険や株券は？
こういうときは、現在、自分が加入している保険を見直す良い機会。付き合いで入った保険などは解約して換金する方法も。また、株券などを売りに出して（もちろん市場を見極めたうえで）資金に充てるのも一手です。

積立金などは？
「お店をはじめるために！」とコツコツと貯めてきた積立金、または、サラリーマン時代に貯めた財形貯蓄などはどれくらいある？

預貯金は？
預け先を分散している人は、全部まとめてみて。ずっとほったらかしにしている口座がないかの確認も。脱サラして開業を考えている人は、退職金は全額預貯金しておいて、開業に充てるつもりで。

当面の生活費も忘れずに考えよう！
お店のことで頭がいっぱいで、つい忘れてしまいがちな自分の生活費。特にひとりで生活している人や養う家族がいる場合は、最低でも3カ月分は用意しておきたいもの。

POINT

4

足りない資金を調達。でもその前にもう一度考えよう

借りるのは最後の手段。節約、縮小などの方法も考えて

自己資金の算出ができたら、足りない資金額がわかってきます。よし、これで不足分の資金調達にかかろう！ と思うのはまだ早いです。もう一度、151ページと153ページのチェックシートを見直して、節約や縮小できる部分がないかを検討してみましょう。開業資金を抑えようと考えることは、開店後のコスト削減にも役立ちます。

節約や縮小を含め、資金調達の前にもう一度じっくり考えたいのは下記で紹介しているような内容。不足分を借りるのは最後の手段と考えます。開業日を決めて準備をはじめることは大切ですが、肝心な資金が足りない場合は、開業日を延ばすことも視野に入れましょう。

注意したいのは、資金を惜しんだばかりに、自分の納得したお店づくりができなくなること。納得できる妥協点を見つけることも、ときには必要です。

資金の調達の前に、もう一度考えたいこと

最初に算出した開業資金

1 自己資金を増やす

「あといくら貯める！」と明確な目標額を決め、働いてお金を貯める。借り入れをしないために、開業を延ばすのも方法のひとつと考えて。

2 開業資金を減らす

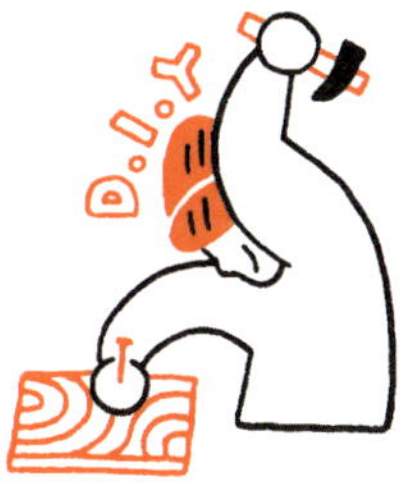

内装工事は自分でやる、什器や備品などは中古を狙うなど、節約できる方法を考える。また、店舗を予定より狭くするなど、資金に合わせて縮小する方法も。

3 不足分を援助してもらう

親や兄弟から援助してもらう。または、国や自治体の補助金を利用する方法も。什器や備品などの現物をもらう方法もある。

4 不足分を借りる

1〜3の方法を使ってもどうしても足りない！ というときに最後の手段としてとるのが、日本政策金融公庫などの公的機関、銀行などの民間金融機関、市民団体などから借り入れをする方法。同じ借りるにしても、できれば親や兄弟にお願いし、利息はなしにしてもらえればベスト。

POINT 5

本当に足りない分はいくら？ 調達する金額を決める

限界まで下げた必要資金をチェックしてもらう

必要な開業資金と運転資金、そして準備できる自己資金の見直しができたところで、ここで再度の見直しを行いましょう。なくてもいいものはカットし、必要なものは少しでも安くする方法をとことん探します。

そして、限界まで下げたと思った時点で、今度は実際にお店（他の業種でも可。知り合いやそのツテを使って探しましょう）を経営している人にチェックしてもらいましょう。経験者の目はシビアでリアリティがあります。より節約・縮小できるポイントを教えてくれるかもしれません。

ここまでしてようやく、本当に不足する金額が出てきます。その計算方法は左記を参考に。不足分の調達方法は借り入れをするのがほとんど。つまり借金をすることなので、ここでの金額の算出は綿密に行いましょう。

調達する金額を計算しよう

1 当初の予定で不足分を計算

自己資金額（154ページを参考に算出）

① ＿＿＿＿＿＿＿＿＿＿ 円

必要開業資金（151ページで算出）

② ＿＿＿＿＿＿＿＿＿＿ 円

必要運転資金（153ページで算出）

③ ＿＿＿＿＿＿＿＿＿＿ 円

調達資金［①－（②＋③）］
マイナスになった分は不足分

④ ＿＿＿＿＿＿＿＿＿＿ 円

2 ④がマイナスになったら必要資金額を再検討

減額できる必要開業・運転資金額
（155ページを参考に算出）

⑤ ＿＿＿＿＿＿＿＿＿＿ 円

3 最終的な不足分を計算

④（マイナスの場合）＋⑤

＿＿＿＿＿＿＿＿＿＿ 円

POINT 6

どうしても足りない資金の調達方法を決める

個人経営、新規事業では借り入れが困難な調達先も

足りない資金の主な調達方法は「借り入れる」と「支援してもらう」の2つ。ほかに「出資を受ける」という方法もありますが、出資とは会社など法人の一部、または全部の所有者になってもらうことになるので、個人経営のカフェは難しいのが現実です。

借り入れるにしても、すぐに思いつく大手の銀行は期待薄。実績のない新規事業開業者が大手の銀行から融資を受けることは非常に困難です。個人商店などの新規開業者にとって、最も一般的なのは日本政策金融公庫です。ここは地域や業種に偏りなく幅広く融資を行っています。

また、国、都道府県、市区町村といった行政がそれぞれの単位ごとに、積極的に融資や支援を行っているケースも増えています。「ぴえに。」（18ページ）の小林さんは、新潟市の「古町地区空き店舗活用事業」に申請したところ、４００万円の補助金が受けられたそうです。

資金調達の主な方法

借り入れる
- 日本政策金融公庫
- 銀行や信用金庫などの民間金融機関
- 国や自治体の融資制度
- 家族や知人

支援してもらう
- 国や自治体の補助金
- 起業コンテストなどの賞金
- 家族からの援助
- クラウドファンディング

POINT 7

金利や返済期間など条件の良い調達先に決める

好条件の調達先には情熱と計画性を持って臨む

借り入れは、元金に加えて利子も返さなければいけません。できるだけ低金利、そして、開業後に無理のない返済ができるような返済期間を設けている機関を選びましょう。

これらの条件を満たすのは、下記で紹介した機関がメイン。この中でもよく知られているのが政府系の金融機関である日本政策金融公庫。物件取得の費用、工事や設備など開業にかかるすべての見積もりが揃って、開業に必要な予算がいくらになるかを明確に出したうえで、情熱や計画性がどれだけあるかを審査され、融資可能かどうかが決まります。そのためには提出する「創業計画書」の書き方が大変重要になってきます。160～161ページに書き方のポイントを紹介していますので参考にしてください。

下記の借り入れ先の中から、自分に合った条件のところを探しましょう。

借り入れ先の例

創業支援として 無担保・無保証人の融資を行う **日本政策金融公庫**	特別な法律に基づく株式会社で、政府が株式の100％を常時保有しています。一般の民間金融機関からの資金調達が困難な小規模事業者へ、創業支援として無担保・無保証人の融資制度があります。カフェを開業する人ならば、「生活衛生新企業育成資金」「女性、若者／シニア起業家支援資金」「創業融資」などの制度を利用できる可能性があります。
金利の一部を負担する 利子補給制度もある **自治体の融資制度**	自治体がその地域に住む人や事業所を構える人を対象に行っている融資制度で、「創業支援金」「創業補助金」など、自治体によって名称は異なります。市区町村の場合、金利の一部を自治体が負担する利子補給制度を設けているところもあります。

資金計画など創業に必要な知識を身につけられる「創業塾・創業セミナー」

各地の市区町村で開催している創業に必要な知識を学ぶことができるセミナー。創業塾・創業セミナーの開催情報は、近くの市区町村のホームページかJ-Net21「支援情報ヘッドライン」で検索できる。

COLUMN

オープンから3年間は投じたお金の回収期間

開業後3年間で取り戻すべき金額をきちんと認識できていれば、自分の身の丈に合った創業計画が立てられるのです。

1カ月にいくら利益が出せるかを考えれば、初期投資額が見えてくる

飲食店の場合、一般的に3～5年で初期投資を回収するのが理想といわれています。

初期投資に1200万円かかるお店をつくると仮定した場合で考えてみます。3年で回収するとしたら、1年に400万円、1カ月にすると約33万4000円。つまりは、1カ月に33万4000円の利益を出していかないと、3年で初期投資が回収できないということになります。これはあくまでも利益（借り入れ金の返済や必要経費を除いたもの）であって、売上ではないので注意を。

これを逆に考えると、1カ月に10万円の利益しか見込めないのなら、1年で120万円、3年で360万円になり、初期投資にかけられるのは360万円というわけです。1カ月で10万円の利益で十分と考えている人が、360万円以上の初期投資をしてしまうと、3年でそれを回収できなくなり、苦戦を強いられることになります。

開業後3年間で取り戻すべき金額を認識していれば、自分がどのくらいのお店を持てるのかをシビアに認識することができ、自分の身の丈に合った計画が立てられるはずです。

現金すべてが利益でないことを認識しておくこと

カフェは現金商売。毎日の売上が現金として手元に貯まっていくので、儲かっているような気になりがちです。でも、それはあくまでも売上であって利益ではありません。そこからさまざまな経費が引かれていくことをしっかりと認識しておきましょう。

オープンから3年間は投じたお金の回収期間という自覚をもち、ぜいたくをしないで、利益を出すように運営していきましょう。

創業計画書の記入ポイント

日本政策金融公庫に融資を申請する際、必ず提出しなければならないのが「創業計画書」。
あなたがお金を貸すに値する相手かを判断される重要な書類です。
カフェ開業に対する情熱や、借りたお金をしっかり返せることを裏づける数字が必要です。

p.152〜153を参考に運転資金を算出しましょう。目安は1カ月の支払総額の3〜6カ月分です。

店舗物件取得費、内外装工事費、什器・備品費など項目別に明記し、見積書も添付します。

☆　この書類は、ご面談にかかる時間を短縮するために利用させていただきます。
　　なお、本書類はお返しできませんので、あらかじめご了承ください。
☆　お手数ですが、可能な範囲でご記入いただき、借入申込書に添えてご提出ください。
☆　**この書類に代えて、お客さまご自身が作成された計画書をご提出いただいても結構です。**

6　関連企業（お申込人もしくは法人代表者または配偶者の方がご経営されている企業がある場合にご記入ください。）

関連企業①	企業名		関連企業②	企業名	
	代表者名			代表者名	
	所在地			所在地	
	業種			業種	

7　お借入の状況（法人の場合、代表者の方のお借入）

お借入先名	お使いみち	お借入残高	年間返済額
	□事業　□住宅　□車　□教育　□カード　□その他	万円	万円
	□事業　□住宅　□車　□教育　□カード　□その他	万円	万円
	□事業　□住宅　□車　□教育　□カード　□その他	万円	万円

8　必要な資金と調達方法

	必要な資金	見積先	金額	調達の方法	金額
設備資金	店舗、工場、機械、車両など （内訳）		万円	自己資金	万円
				親、兄弟、知人、友人等からの借入 （内訳・返済方法）	万円
				日本政策金融公庫　国民生活事業 からの借入	万円
				他の金融機関等からの借入 （内訳・返済方法）	万円
運転資金	商品仕入、経費支払資金など （内訳）		万円		
合計			万円	合計	万円

9　事業の見通し（月平均）

		創業当初	1年後又は 軌道に乗った後 （　年　月頃）	売上高、売上原価（仕入高）、経費を計算された根拠をご記入ください。
売上高①		万円	万円	
売上原価② （仕入高）		万円	万円	
経費	人件費（注）	万円	万円	
	家賃	万円	万円	
	支払利息	万円	万円	
	その他	万円	万円	
	合計③	万円	万円	
利益 ①－②－③		万円	万円	（注）個人営業の場合、事業主分は含めません。

10　自由記述欄（アピールポイント、事業を行ううえでの悩み、希望するアドバイス等）

これまでのご経験や事業内容の詳細が分かる計画書など、参考となる資料がございましたら、併せてご提出ください。
（日本政策金融公庫　国民生活事業）

必要資金の30％前後の自己資金があるのが理想。

家族や知人から借りる場合でも、返済条件などはきちんと明記すること。

必要な資金と調達する資金の金額の合計は必ず一致させておくこと。

売上高に理想の高い数字を記入すると「事業計画が練れていない」と判断されます。地域・立地条件を加味しながらp.164〜165を参考にして算出します。人件費には従業員予定数も記入。その他の経費も具体的に項目ごとに算出しておきます。

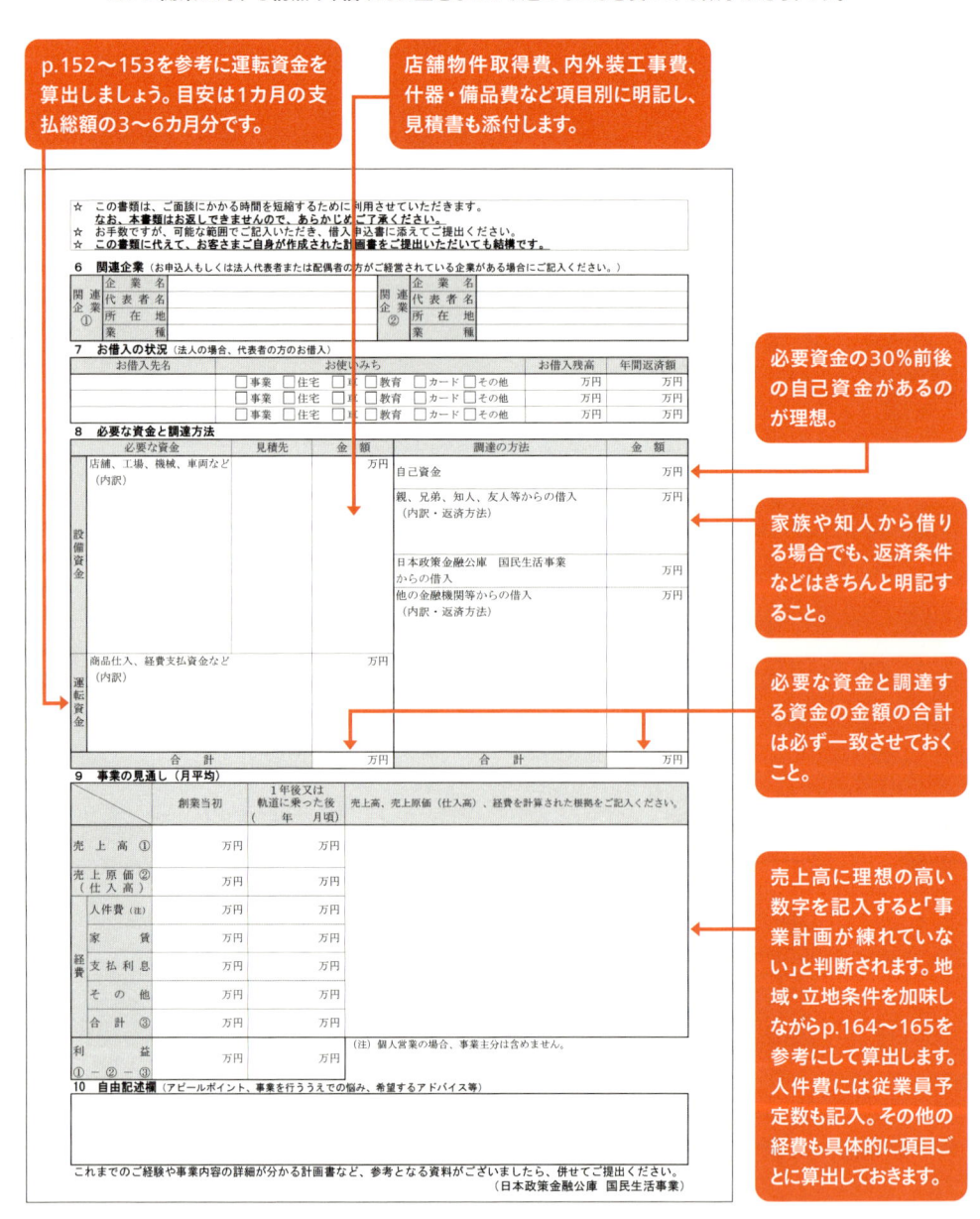

カフェの経験はなくても飲食店での勤務経験があれば必ず記入すること。

カフェを経営できると思った客観的な理由、経営方針、創業への準備の度合いなどを自分の言葉で具体的に書きます。

セールスポイントには自分の思いだけでなく、ターゲットをどう捉えているかも記入しておきましょう。

販売先はカフェに来るお客、つまり「一般個人」になる。周辺環境から「オフィス街にあるため、ビジネスマンのランチが見込める」「幼稚園の近くにあるため、ママたちに利用されやすい」など、獲得できそうな客層も書き添えておきましょう。

仕入れ先のめどが立っていれば、契約書や見積書なども添付します。

創 業 計 画 書

〔令和　　年　　月　　日作成〕

お名前

1　創業の動機（創業されるのは、どのような目的、動機からですか。）

2　経営者の略歴等（略歴については、勤務先名だけではなく、担当業務や役職、身につけた技能等についても記載してください。）

年　月	内　容
過去の事業経験	□事業を経営していたことはない。 □事業を経営していたことがあり、現在もその事業を続けている。（事業内容：　） □事業を経営していたことがあるが、既にその事業をやめている。（やめた時期：　年　月）
取得資格	□特になし　□有（　番号等　）
知的財産権等	□特になし　□有（　□申請中　□登録済　）

3　取扱商品・サービス

事業内容					
取扱商品・サービスの内容	①　（売上シェア　%） ②　（売上シェア　%） ③　（売上シェア　%）				
客単価（飲食・小売等）	円	受注（販売）単価（建設・製造等）	万円　～　万円		
営業日数（月）（飲食・小売等）	日	定休日（飲食・小売等）		営業時間（飲食・小売等）	～
セールスポイント					
販売ターゲット・販売戦略					
競合・市場など企業を取り巻く状況					

4　従業員

常勤役員の人数（法人の方のみ）	人	従業員数（3ヵ月以上継続雇用者※）	人	（うち家族従業員）　人 （うちパート従業員）　人

※　創業に際して、3ヵ月以上継続雇用を予定している従業員数を記入してください。

5　取引先・取引関係等

	フリガナ 取引先名	所在地等（市区町村）	取引先のシェア	掛取引の割合	うち手形割合 手形のサイト	回収・支払の条件
販売先			%	%	% 日	日〆　日回収
販売先			%	%	% 日	日〆　日回収
販売先		ほか　社	%	%	% 日	日〆　日回収
仕入先			%	%	% 日	日〆　日支払
仕入先			%	%	% 日	日〆　日支払
仕入先		ほか　社	%	%	% 日	日〆　日支払
外注先			%	%	% 日	日〆　日支払
外注先		ほか　社	%	%	% 日	日〆　日支払

人件費の支払	日〆　日支払（ボーナスの支給月　月、　月）

POINT

8

メニューの売価は原価や相場を考慮して決める

綿密な計算が必要だが自分の直感も大切に！

コーヒー1杯を一体いくらにすれば……。はじめてお店を経営する人にとって、メニューの売価設定は未知の世界のはず。売価を決める検討材料として、下記のように「原価」と「相場」があります。どちらにしても、きちんと利益を出す設定にしなければいけません。そのためには、原価率と粗利率を算出しておきましょう。

原価率とは、売価に対する原材料費の割合のこと。一般的にドリンクなら10～20％、料理なら20～30％がいいといわれています。1000円のランチの原材料費が250円なら、原価率は25％で標準レベルということ。左ページの算出方法をもとに、1品ずつ計算してみましょう。

ただ、自分の「直感」も大切にしたいところです。「この場所でランチに1000円は高すぎるな」と感じたら、使う食材などを見直して、原価率を下げる工夫をするべきです。

メニュー売価決定の検討材料

相場から

近くにある競合店の質と価格の相場を調べて、どの価格帯が中心で、どれだけ売れているかにもとづいて自分のお店の価格を設定します。ニーズからかけ離れることがないというメリットがありますが、他店との差別化が必要で原価率が高くなる場合もあります。

原価から

仕入れ値、廃棄する（皮や種など使えない部分）割合、仕込みに必要な手間、売上予想などから利益を出せる価格を設定します。これなら確実に利益の出る売価にすることができます。ただ、相場やニーズに合わない場合があるというデメリットがあります。

メニュー売価の算出方法

原価率（%）＝原材料費÷売価×100

※原材料費＝材料費＋ロス率

原材料費：光熱費や水道代などは入りません。使用する食材のみの費用です。

ロス率：原材料の調理失敗や廃棄などによるロスの割合。

材料費に対しての一般的なロス率の平均

- ドリンク3％
- アルコール3％
- パン、ケーキ、お菓子、デザート3〜7％
- 料理5〜10％

粗利率（%）＝100（%）－原価率

希望売価に対する粗利率の平均

- ドリンク80〜90％
- パン、ケーキ、お菓子、デザート80〜90％
- 料理70〜80％

例　コーヒー1杯の粗利率を90％（原価率を10％）にしたい場合の売価の出し方

原価
コーヒー豆1杯分10g＝40円
スティックシュガー1本＝2円
コーヒークリーム10ml＝6.5円

↓

原材料費＝（40＋2＋6.5）円＋ロス率3％＝49.955≒50

↓

50÷χ（売価）×100＝10（原価率）
χ（売価）＝500円
※%計算は小数点第2位を四捨五入、売価は銭の単位まで出します。

↓

コーヒー1杯の売価は500円を目安に設定する！

POINT
9

売上目標を設定して収支計画を立てる

いくらで仕入れて、いくらで売ればいいのかを考える

カフェを商売として成り立たせていくためには、しっかりと売上を出す必要があり、利益を出せる仕組みづくりをしなければなりません。

では、どのように計算すればいいのか。まずは売上目標を設定します。目安は「売上高＝客単価×客数」。

とはいえ、立地によっては昼と夜、そして平日と休日によって客単価や客数も異なってきます。つまり、売上高を予想するうえでも、店舗物件の市場調査データがおのずと基本になるわけです。

これに対して、原材料費と人件費の割合が売上の60％以内、諸経費が10％。家賃や減価償却費、支払金利は売上高の増減に関係なく一定金額なので初期条件といわれますが、これが合計で売上全体の10～20％が目安です。それらの諸経費すべてを引いた数字が利益となります。難しいのは客数の出し方。下記の数式で算出してみましょう。

売上目標の立て方

● 売上高の計算方法

売上高 ＝ 客単価 × 客数

※昼と夜、平日、休日によって客単価、客数が異なるので別々に算出。

● 客数を算出する2つの方法

1 吸引率から客数を算出する方法

客数 ＝ 店の前の通行量（人）× 吸引率（％）× 営業日数（日）

※吸引率とは、通行人のうち、自分の店のお客になってくれる可能性のある人の割合。通常は0.7～0.9％が目安。0.1％刻みで3通りの吸引率から客数を出してみる。

2 客席の回転数から算出する方法

客数 ＝ 席数×回転数×客席稼働率（％）×営業日数（日）

※回転数は1席あたり1日に何人のお客が入れ替わるかという平均値。ランチタイムで3回転、ティータイムで1回転、ディナータイムで1回転というふうに時間帯別に想定してみる。

※客席稼働率は80％程度で試算。

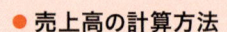

売上目標を立てるために必要な損益分岐点の出し方

損益分岐点とは？

お店を維持するために必要な売上高のデッドライン！

これだけ儲けないと利益がまったく出ないというギリギリのラインを「損益分岐点」といいます。つまり「売上高＝経費」となる金額のこと。では、自分が開業したお店の「損益分岐点」はいくらなのか。数字が見えてくると、自分にとって必要な売上高が具体的に見えてきます。

損益分岐点の出し方

損益分岐点 ＝ 固定費 ÷（1 － 変動費率／100）

※固定費：売上ゼロでも必ず発生する諸経費……家賃、人件費、減価償却費（車両運搬器具やマシンなどは使えなくなるまでの期間、その価値の低下を必要経費にできます。それを減価償却費といいます）など。
※変動費率：売上の変動によって変動する費用の率。原材料費や宅配手数料など。

例 あるカフェを例に「損益分岐点」を出してみる

広さ20坪、コーヒーなどドリンクメニューがメインでありながらも、カフェごはんやデザートなどを出しているAカフェの場合。

1 経費（固定費＋変動費）を算出する

● **固定費（1カ月）**

家賃	20万円
人件費	60万円
減価償却費	10万円
合計	90万円

● **変動費の算出**

コーヒーは1杯400円で原材料費が40円、ドライカレーが800円で原材料費が240円だとすると……。
売値に対する原材料費の割合がコーヒー10％（40円÷400円）
ドライカレー30％（240円÷800円）となります。
※さらに変動する諸経費（変動費）として、店舗管理費などが売上の15％あるとします。

2 全体に対する変動費の割合を算出する

販売比率（1カ月の仕入れに対しての販売の割合）をコーヒー60％、
ドライカレー40％だとすると……。
（40円×60％＋240円×40％）÷（400円×60％＋800円×40％）≒21％
これ以外の変動費率が売上の9％あったので、
この2つを足すと21％＋9％＝30％
この30％が、Aカフェ全体の変動費率になります。

3 Aカフェの損益分岐点はいくらに？

固定費90万円、変動費率が30％（0.3）
限界利益率は1－0.3で0.7となります。
これを先ほどの損益分岐点の公式に当てはめます。
90万円÷0.7＝約129万円
ちなみに月25日営業とすると、1日あたり129万円÷25日＝5万1600円

まとめ
このお店は1日に、5万1600円を売り上げて初めて収支が同じになるわけです。これにどれだけプラスできるかで、利益も変わってきます。そのためには、客単価をいくらにすればいいのかが大切になってきます。

POINT 10

営業日報をつけて売れ行きの傾向をチェック

営業日報は多くの経営のヒントに

カフェをはじめたら、毎日、営業日報をつけるようにしましょう。日報は多くの経営のヒントをくれる、貴重なデータベースになるのです。

営業日報の書式は、自分が使いやすい書式でOK。専用のアプリを利用するのもいいですが、必ず入れておきたいのが下記の項目です。これらを毎日記録しておけば、1カ月にどのメニューがいくつ出たか、近所でイベントがあった日はどれだけお客が増えたか、天候による客数の増減など、日々の動向がひと目でわかるようになります。そうすることで、人気メニューの食材を多めに仕入れる、週間天気予報で仕入れの量を決められるなど、ロス軽減にもつながっていきます。

経営を軌道にのせるためにも、メニューをより良く改善していくためにも、日々の小さな出来事へ配慮することが大切。しかも、日報は毎年2月から3月に行う確定申告の際にも役立ちます。

営業日報に必要な項目

1 日付

2 天気

「午後3時頃に急に大雨」など、変化があった場合もできるだけ詳しく。

3 客数

家族連れ、女性同士など、できるだけ内訳も記録しておきます。

4 総売上

その日の売上の合計金額を記入します。

5 出たメニューの品名と数

6 レシート添付

レジスターから出たレシート（お客に渡したのとは別の保管用）を貼り付けます。

7 感想

近所であったイベントのことなど、その日に起こった出来事をできるだけ詳しく書いておきましょう。

POINT 11

収支をしっかりと把握して運営方法を見直していく

月ごとの売上高がわかる集計表も作っておこう

カフェをはじめてから、店主の毎月の仕事として重要なのが、1カ月の売上と支出を把握することです。この結果にもとづいて、翌月からのお店の運営方法を考えなければいけません。売上については右ページで紹介した「営業日報」をまとめれば、すぐに算出できるはず。支出は、現金で仕入れた際にもらった領収書と仕入れ業者からの請求書、家賃や光熱費などの固定費や人件費、そして借り入れがある場合はその返済額をプラスして、総額を出し、1カ月の収支をチェックします。

月ごとの売上高が年間を通してひと目でわかる「集計表」も作っておくと便利です。忙しい月と暇な月、出費の多い月と少ない月などがわかり、月単位で収支の見通しが立てられます。

こうして営業し、オープンから3年間は開業のために投資したお金の回収期間として捉えましょう(159ページ参照)。

オーナーの給料は利益ではなく、経費と考える

利益がすべて自分の給料ではありません!

OK

あらかじめ自分の給料を決めておき、それを家賃や光熱費などと同じ固定費として、経費に計上しておきましょう。

NG

売上から必要経費などの支出を差し引いた金額=利益=店主の給料と認識している場合がよくあります。「今月は売上から支出を差し引いたら50万円もあった。50万円の給料なんてサラリーマンよりずっといい!」なんてホクホクしているのでは経営者として失格です。

売上に占める原価率は、一般的に60%といわれています。店主の給料を経費としていれば、それが80〜90%になるはずですが、これでOKなのです。残りの10〜20%が純粋な利益となり、それを運転資金として利用していくようにしましょう。

POINT 12

翌年に慌てないために税金のことを知っておく

給与所得者から事業所得者へ。税金の仕組みはガラッと変わる

会社員時代は勤務先にお任せだった税金の処理も、店主になれば自分自身で行わなければいけません。

カフェを会社組織（法人化）にするのと、個人営業では税金の仕組みが異なります。自分ひとりやアルバイトを1～2人雇うくらいの規模であれば、まずは個人営業からはじめるのでいいでしょう。

個人営業の店主は、毎年2～3月の決まった期間に、税務署に「確定申告」をしなければいけません。確定申告は文字どおり、自分で所得税を確定させること。1年間の売上から必要経費やさまざまな控除の金額を控除して所得税を算出するものです。青色申告と白色申告の2通りの方法があり、大きな違いは「特典」の有無。青色申告は儲けから無条件で65万円を差し引ける「青色申告特別控除」があります。税金が安くなる特典で、白色申告に比べて節税効果の高い申告制度です。ただ、青色申告は事前に税務署に申請書を提出し、承認を受ける必要があります。

個人事業主の主な税金

所得税	1年間に得た所得（収入金額から必要経費と一定の控除額を差し引いたもの）にかかる税金。累進課税といわれ、所得が上がるごとに5～45％の税率で税金が課せられます。会社員との大きな違いは、1年分をまとめて納税すること。
住民税	1年間に得た所得にかかる地方税。前年分の所得税の確定申告書をもとに計算されるため、税務署に申告書を提出していれば、市区町村に申告の必要はありません。
消費税	前々年の売上高が1000万円を超える場合は、消費税を納める義務が生じます。2023年10月からインボイス制度が導入され、仕入税額控除の方式で、所定の要件が記載された請求書により控除額を計算し、消費税を納付しなければいけません。

今までは会社の給料から天引きされていたものが、個人事業主になると、すべて自分で支払いをしなければいけません。確定申告を終えてホッとするのもつかの間。5～7月くらいに、住民税、国民健康保険、国民年金などの納付書が立て続けに届きます。これらに支払いができるよう、現金の確保をお忘れなく。

CHAPTER.4

はじめる＆続けるうちに起こる「困った！」Q＆A

**カフェ開業＆営業にまつわるさまざまな疑問にお答えします。
360人以上のカフェオーナーを輩出した、佐奈栄学園 カフェズ・キッチンの学園長である
カフェのスペシャリスト・富田佐奈栄さんの意見と、
先輩店主たちのリアルな体験談から、解決の糸口が見つかるはずです。**

Q カフェで働いたことがないけれど、カフェをはじめられる？

A はじめられますが、経験しておいたほうがベター

本書で登場した店主13人のうち、カフェで働いたことがあるのは8人でした。5人の店主が未経験のまま経営をはじめています。経験がなくても、みなさんカフェをはじめて軌道にのせているので大丈夫ですが、もちろん経験があるに越したことはありません。

＊＊＊

●将来的に自分のカフェをもつことが夢だったので、高校を卒業してからの勤務先はずっとカフェです。チェーン展開しているお店から個人店までさまざまなスタイルのカフェで働き、6店舗で店舗責任者を務めました。その経験が自分のカフェをはじめるときにとても大きな力になりました。カフェでの経験は絶対に必要というものではないですが、あったほうが有利なのは確かです。せめて飲食店では働いておくべきだと思います。

「JHONDEE COFFEE」佐藤光太郎さん

Q お店をはじめるために、何か勉強しておいたほうがいい？

A 絶対のものはないけれど、ヤル気次第で課題はたくさん

これを絶対やらなければいけない！という決まりはないものの、コーヒーの知識や淹れ方、メニューの作り方、サービスの仕方、経営の仕方など、学んでおいたほうがいいことは書き切れないほどたくさんあります。専門書やハウツー本を読んで学ぶこともできますが、カフェ専門のスクールに通うというのもひとつの手段。本書に登場した店主13人のうち、6人の店主がカフェスクールに通ったり、コーヒー講座などを受講していました。本書を監修する富田佐奈栄さんが学園長を務める「カフェズ・キッチン」では、カフェ開業のためのすべてが学べる講座が揃っています。

また自治体や商工会議所が主催する「創業塾・創業セミナー・創業スクール」などでは、独立・開業にあたってのビジネスプランの作成、資金計画、創業手続きなどが学べます。

＊＊＊

●カフェスクールやコーヒー講座に通ったりして実践面を、自治体などが主催する企業セミナーに足を運んだりして経営面を学ぶなど、いろいろなことをやりました。私は「ドッグフレンドリーなカフェ」をやりたいということもあったので、国内外のカフェのほか、カフェに限らずドッグフレンドリーのお店を訪ねて、お店づくりの参考にしました。

「Paston」小黒奈央さん

●週末に行われているコーヒースクールに通ったり、コーヒーに関する専門書を読んだり、ロースタリーやカフェ経営者のセミナーに参加したりしました。

「TRICHROMATIC COFFEE」石原 剛さん

●夫婦で別々の創業セミナーに参加しました。そこに参加したことによって、自分たちのやりたいことが「カフェ」であるとわかりました。カフェをやると決めてから、コーヒーのすべてを体系的・段階的に学ぶことができる「UCCコーヒーアカデミー」を受講しました。

「KIJI CAFE」轟 裕介さん

●パン、コーヒー、紅茶は講座でひと通り学び、関東と関西のカフェを巡りました。

「miso汁香房」天野恭子さん

Q 食材はどこで仕入れればよい？

A カフェによってさまざま。自分に最適な仕入れ方法を見つけて

◉正直今も模索中です。業者を頼んだり、地産地消をと地元の野菜を購入したりといろいろやってみていますが、野菜に関しては供給が安定せず、地産地消を続けるのは難しいと思いました。

「Paston」小黒奈央さん

◉お米は前の職場から付き合いのある農家さんから直接買っています。ずっとそこ一択だったのですが、農作物は天候によって品質や収穫量が左右されるため、異なる地域の農家さんからも買えるように手配しました。

「おむすびcafe 空と糸」長島真理子さん

◉かき氷のシロップを作るフルーツは直売所で買うようにしています。

「polka dot cafe」山田大輔さん

◉自分の農園以外の食材は、地元でこだわりをもって作られている生産者を探して仕入れています。合鴨農法の小麦粉や平飼いの卵は知り合いに紹介していただきました。そのほか地元の直売所に買い出しに行くこともあります。

「わかまつ農園 お菓子と暮らしの物 りた」若松潤哉さん

Q オープン前に宣伝はするべき？

A もちろん、するべきです！

お店をはじめれば自然と人は来る、なんて思っていませんよね？ 商売はそんなに甘いものではありません。たくさんの人に来てほしいなら、どんな形であれ、宣伝はするべき。最低でもSNSアカウントの開設・投稿はマスト。お店の工事中、目の前を通る人に「何のお店ができるの？」と聞かれ、それがいい宣伝になったという店主が7人も！ 工事中は現場に張り付いていたほうがいいのかも。

＊＊＊

◉インスタグラムでオープンの告知をしただけでしたが、結構効果がありました。意外だったのは、4カ月間お店の工事をしていたので「何ができるの？」と近所のみなさんに興味をもっていただけたこと。思わぬ宣伝効果があり、びっくりしました。

「Paston」小黒奈央さん

◉準備期間から店舗用SNSアカウントを開設。少しずつ形になっていく様子を共有しました。できあがりを楽しみにしてくださる人も増え、オープンしてからすぐに県外からの来店も増えました。着工後は、道行く人の興味を引けるので店先にチラシをセット。チラシにサービス券を付けると、手に取ってもらいやすいです。ご近所の常連さまができました。

「ぴえに。」小林奈々美さん

サービス編

Q 接客で気をつけていることは?

A お客との距離のとり方が一番の課題

●洋服の色はお店の雰囲気に合ったもので、動きやすく清潔感のある格好に。店内で流す音楽は耳触りの良い音を意識しています。お客さまとほど良い距離感をとるために、オーダーを聞く際によく見るようにしています。その延長で常連さまにも接しています。

「ぴえに。」小林奈々美さん

●笑顔、身だしなみ、室内の温度、お客さまとコミュニケーションをとること。

「miso汁香房」天野恭子さん

●清潔感のある服装、店内に流す音楽、常連客への対応の仕方、お客さまとの距離のとり方など。お客さまひとりひとりに合った距離感で遠すぎず近すぎず、笑顔は常に一定を心がけています。

「JHONDEE COFFEE」佐藤光太郎さん

●お客さまとの距離感、お客さまのトーンに合わせること。

「TRICHROMATIC COFFEE」石原 剛さん

Q カフェがあまりない地方でカフェをはじめるのに、サービス面で気をつけることは?

A ひとつにこだわるより幅広いメニューを用意。お客との距離感も大切

●うちの生徒で、高価なエスプレッソマシンを購入し、エスプレッソ専門のカフェを地方ではじめた人がいました。でも、エスプレッソは根付かなかったそうです。一概には言えませんが、カフェ文化が浸透していない地方では、何かひとつにこだわるより、普通のコーヒーやほかのドリンクメニューなどを充実させたほうがいい場合もあります。

富田佐奈栄さん

●距離感は大切にしています。常連さまで「カフェで話したい!」と考えている方とはたくさんお話をしますし、「ただ作業をしたい」と考えている方には静かにしています。80代の常連さまが「赤飯を作ったから食べて〜」と持ってきてくださることも! コアなつながりがありがたいです。

「わかまつ農園 お菓子と暮らしの物 りた」若松潤哉さん

Q 「注文したの、まだですか?」とイライラされることが多い。急いでやっているつもりなのに……

A 最長10分を目安に用意。最初から断っておく方法も

ある調査によると、レストランなどでオーダーしたメニューが運ばれてくるまでの時間が10分までならイライラしない、という答えが半数以上。メニューの内容にもよりますが、デッドラインは10分と考えるのが無難です。

＊＊＊

●少ない人数でお店をまわしているカフェに、グループのお客さまがやって来ることもあるでしょう。どうしても対応が遅くなってしまいそうなときは、席に案内する前に時間がかかる旨を伝えておきましょう。それでも良ければ、着席してもらうようにしましょう。

富田佐奈栄さん

Q テイクアウトもやりたいですが気をつけることは？

A 食品の種類によっては許可申請が必要なものも

基本的に、すでにカフェを営業していて、普段の提供メニューをそのままパック詰めして販売する場合は、新たな許可は必要ない場合がほとんどです。ドリンクのみをテイクアウト可にする場合も同様です。お菓子などは賞味期限を記載するなどのルールがあります。それまでカフェにないメニューをテイクアウトにする場合は、その食品の種類によって、許可申請が必要になるものがあります。テイクアウトをはじめる前に一度管轄の保健所に相談しましょう。

＊＊＊

●簡単にはじめられるテイクアウトですが、利益を出すことはもちろんのこと、衛生管理や食品梱包資材、成分表示のポイントなどさまざまな知識が必要になります。お店に合ったメニューや提供・販売方法を計画し、テイクアウトも売れるお店をつくっていきましょう。以下、簡単なチェック項目です。

- □ **正しい衛生管理をしている？**
- □ **包材は間違えて使用していない？**
- □ **栄養価計算はきちんとできている？**
- □ **食品シールのルールや原材料表示など、理解して行っている？**
- □ **賞味期限の決め方は大丈夫？**

富田佐奈栄さん

Q 夜の営業時間を延ばして、お酒のサービスをはじめる「バータイム」を設けたい。気をつけることは？

A まずは公安委員会への届出が必要

深夜12時を過ぎて営業する場合は「深夜酒類提供飲食店営業」として、公安委員会に届出が必要です。店舗の平面図のほかに必要な書類がいくつかあるので、最寄りの警察署に確認しましょう。

＊＊＊

●酔ったお客さまがほかのお客さまに迷惑をかけないよう、気を配ることも大切です。

富田佐奈栄さん

人間関係 編

Q 共同経営者とうまくやっていくコツは？

A 役割分担をはっきりさせて相手を尊重する気持ちを忘れない

衝突したときにケンカ別れしないよう、事前に「意見がぶつかったとき、どうするか」を決めておくのも手。互いの立場を尊重する気持ちも忘れないことです。夫婦で経営している人たちも多いですが……。

＊＊＊

◉友達と一緒に開業したい、とよく相談を受けますが、それはやめたほうがいいと忠告しています。経営者として対等の立場をキープしていくのは、無理だと思うからです。どうしても共同経営で、というならば、どちらかが主導権を握り、もうひとりがサポートするという形をとるのがベストです。

富田佐奈栄さん

◉妻と共同経営ですが、「何かミスがあってもお互い許し合う」「文句を言わない」ということは心がけています。

「わかまつ農園 お菓子と暮らしの物 りた」若松潤哉さん

◉夫と経営しています。夫婦なのでついわかっていると思い込みがちですが、小さなことでもちゃんと確認を怠らないようにしています。

「miso汁香房」天野恭子さん

Q アルバイトが定着しなくて困った……

A 意外な盲点。店内の作業動線に問題があるのかも

すぐに思い浮かぶのは労働内容に見合わない時給、労働時間などですが、これくらいならオーナーたるもの、すでに気づいているはずですが……。

＊＊＊

◉それはお店の動線に問題があるのかも。動線が悪くて作業がしにくいと、すごくストレスがたまるもの。今いるスタッフに、厨房とホールの動きやすさについて意見を聞いてみましょう。それによって、レイアウト変更をしたほうがいいことになるかもしれません。

富田佐奈栄さん

＊＊＊

スタッフやアルバイトの採用、付き合い方ではどんなことに気をつけているのでしょう。→

◉採用したいのは気の利く人、愛嬌のある人です。特にお客さまに寄り添った接客ができる人が好ましいです。

「ぴえに。」小林奈々美さん

＊＊＊

◉チェーン店のように詳細なマニュアル・ルールがありませんが、それを良しと受け入れて、自由な環境を楽しみながら自分で考え、自発的に行動できる人を求めています。

「TRICHROMATIC COFFEE」石原 剛さん

◉私が2拠点生活を送っているため、そんな状況を理解いただける人にお願いしています。

「miso汁香房」天野恭子さん

◉個人経営のカフェでふたりきりなので、コミュニケーションのとりやすい人をランチタイムだけ頼んでいました。数年して離職することになったので、モバイルオーダーを採用。年々新しいシステムが開発されるので、それを取り入れてワンオペもありかと思います。

「Paston」小黒奈央さん

Q お店が住宅街の中に。近所付き合いや気をつけることは？

A コミュニケーションをとり、迷惑をかけない配慮が必要

静かな住宅街の中で、不特定多数の人が出入りするお店は、近所の住民に迷惑と思われがち。お店で流す音楽のボリュームや夜の照明の明るさ、お酒を出すお店なら酔っぱらいが騒がないようになど、繁華街と違って配慮すべきことはたくさん。それ以前に、あいさつをきちんとするなど、人としてのマナーもしっかりと。

その他

Q ひとりでお店をやっていると、食事やトイレのタイミングが難しい。ほかの人はどうしているのかな？

A オープン前やお客のいない隙を狙って

● **体調にも関わってくることなので、あまり我慢せず、お客さまのいないタイミングを見計らって行うようにしています。**

「ぴえに。」小林奈々美さん

● **食事をとらなくていいように、オープン直前に腹ごしらえすることが多いです。トイレはお客さまがいないときにサッと済ませます。**

「miso汁香房」天野恭子さん

Q 厨房にネズミが出た！どうすれば？

A 自分でも駆除はできますが専門の業者に頼んで、確実に駆除を

開業前に保健所の検査で、ネズミの侵入を防ぐため排水溝などに金網や蓋がしてあるかをチェックされたはず。それが外れていないか、まずは確認しましょう。

そして、すぐに駆除の対策をとらなければいけません。ネズミは食材を食べてしまうだけでなく、食中毒や感染症を媒介する、カフェにとっては大敵なのです。市販の殺鼠剤を使う方法もありますが、より確実なのは、やはり専門の業者に頼むことです。早ければ早いほど、安く、確実に駆除できます。

監修（Chapter2・3・4）

富田佐奈栄

Sanae Tomita

日本カフェプランナー協会会長。カフェのビジネススクール「カフェズ・キッチン」学園長。大学で食物を専攻し、大手菓子店に入社。カフェの仕事を学んだ後、商品開発研究室に異動となり、数々のヒット商品を生み出す。退社後はレストランやカフェの店舗プロデュース、講師などを経て、佐奈栄学園を設立。2000年には日本カフェプランナー協会を設立。テレビ番組をはじめとする各メディア出演や食品メーカーなどに商品企画やメニュー考案なども行い、数々の本を出版するなどカフェのスペシャリストとして活躍中。

佐奈栄学園 カフェズ・キッチン
東京都目黒区上目黒1-18-6佐奈栄学園ビル
☎ 03-5722-0378
https://sanaegakuen.co.jp
http://www.cafeplanner.net

STAFF

Writer	上島佳代子 川﨑尚美 大場祐子
Designer	木村由香利（986design）
Photographer	池水カナエ 中村紀世志
Illustrator	ZUCK
Proofreader	堀江圭子
Editor & Writer	土田由佳

企画・編集　成美堂出版編集部 川上裕子

カフェをはじめる人の本

編　者　成美堂出版編集部
発行者　深見公子
発行所　成美堂出版
〒162-8445 東京都新宿区新小川町1-7
電話(03)5206-8151 FAX(03)5206-8159
印　刷　株式会社フクイン

ISBN978-4-415-33499-8